职场进化论

教你如何度过事业瓶颈期

李 珊 —— 编著

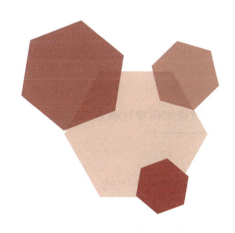

ZHICHANG JINHUALUN

JIAONI RUHE DUGUO SHIYE PINGJINGQI

 四川大学出版社

责任编辑：周　艳
责任校对：黄蕴婷
封面设计：李　品
责任印制：王　炜

图书在版编目（CIP）数据

职场进化论，教你如何度过事业瓶颈期 / 李珊编著.
—成都：四川大学出版社，2018.6（2025.6重印）
ISBN 978－7－5690－1979－7

Ⅰ.①职…　Ⅱ.①李…　Ⅲ.①职业选择－通俗读物
Ⅳ.①C913.2-49

中国版本图书馆 CIP 数据核字（2018）第 144674 号

书名		职场进化论，教你如何度过事业瓶颈期
编　著	李　珊	
出　版	四川大学出版社	
地　址	成都市一环路南一段24号（610065）	
发　行	四川大学出版社	
书　号	ISBN 978－7－5690－1979－7	
印　刷	合肥市星光印务有限责任公司	
成品尺寸	145 mm×210 mm	
印　张	7.25	
字　数	147 千字	
版　次	2019 年 1 月第 1 版	
印　次	2025 年 6 月第 3 次印刷	
定　价	59.80 元	

◆读者邮购本书，请与本社发行科联系。
　电话：(028)85408408/(028)85401670/
　(028)85408023　邮政编码：610065
◆本社图书如有印装质量问题，请
　寄回出版社调换。
◆网址：http://press.scu.edu.cn

前言

时常能听到职场新人们的叹息声："苦于没有工作经验，找工作比登天还难。"回想当年，我们也同样怀揣着远大理想无奈地混迹在茫茫求职大军中。数年后，当我们变为职场"老人"，才知道事业的发展和时间的长短并不一定成正比，职场没有看似那么简单，亦没有想的那么完美。

我的一位好友林先生，已有十余年工作经验，在一家外资企业从技术员一直做到华南区的销售经理，现有车有房高工资，为很多人所羡慕，可是他自己却感到无比厌倦。

按公司的规定，工资与任务每年同比增长，工作是一年比一年难开展。遭遇金融危机后，他的业绩很不乐观，几次在销售会议上被老总指名批评，平时"称兄道弟"的同事也等着看笑话。林先生是技术转型销售，认为处理人情世故比销售难得多。有时候他真恨不得退回去自己单打独斗，可是人人都往高处走，谁放得下这个面子。心一横，混吧，能撑多久是多久。

我不是在捏造悲剧，像林先生这般痛苦的职场"老人"真的不少。大学生毕业时平均年龄在22~23岁，工作六七年就"奔三"了，到了而立之年。

到了而立之年，上有老，下有小，背着房，拉着车，头顶高级白领称号风光无限，私下却是苦不堪言。

一方面，求职者高呼："好工作难找，难于上青天！"而另一方面，招聘方大喊："求贤若渴，人才屈指可数！"我们怎么了？社会怎么了？究竟该何去何从？

随着职场上的竞争越来越激烈，患有职业倦怠的职场人士已经不在少数。

如今"职业倦怠"已成为社会的通病，职业倦怠虽然不是明显病症，但对人仍然有很大的负面作用，轻则对工作失去兴趣，重则会出现嗜睡或者失眠、记忆力下降、精神恍惚、吃不下饭甚至是呕吐的情况。长期处于这种状态，还会诱发一些慢性疾病。

失去方向感、没有亲和感、压力感过大、缺乏安全感、产生倦怠感只是职场"七年之痒"的五种典型症状。这种职业非病态症状就好像婚姻的"七年之痒"，随着职业生涯的延长，因为失去了最初的激情和新鲜感而开始感到厌倦。

我在职场打拼了多年，几经磨炼，才成为一个专业的HR职业经理人。我可以毫不避讳地说，"七年之痒"是一个不可避免的过程，我和别人一样也经历过。因为职业的优势，我除了学过更多的职业规划理论知识，对于职场的内幕，我或许看得比一般职场人更清晰，这也为我顺利度过职场"七年之痒"起了关键性的作用。

美国成功学学者拿破仑·希尔曾说，人与人之间只有很小的差异，但是这种很小的差异却造成了巨大的差别！很小的差异就是所具备的心态是积极的还是消极的，巨大的差别就是成功还是失败。

职场老人们距离成功缺乏的已经不仅仅是高调的大理论，更重要的是一种务实的心态，这种心态源于内心对现实的清晰认识和对此做出的改变。理论不是圣人创造出来的奇迹，只是有心人从细枝末节中总结出来的规则。当你学会在现实中运用、体会，并把它们变成自己的心得，你就会很快成长起来。

目录

第二章

职场『三无』人员
如何找对方向

第三章

帮助职场
不太擅长人际交往之人

第四章 练就职场抗压『金刚身』

第五章 职场上缺失的『防身术』

第八章 女性职场突围的行动指南

第九章 职场突围必知的潜规则

第一章

工作三五年，
让人烦心的几件事

　　在职场多年后，我们也许会失去初入社会时的那份天真，才知道成绩好的人不一定工作好，会做事的人不一定能管事，原本那些伟大的理想或许会变成茶余饭后的笑话谈资。

安身立命的事变成了"鸡肋"

最近，一个许久没有联系的朋友程晨突然给我打电话，言谈之间，她带着些许的颓废和落寞。再三询问之下，我才知道她前两天刚把工作辞掉了。不知道是不是自己的错觉，当她在电话里提到"辞职"二字的时候，我仿佛在她看似无奈的语气之中听出了几丝莫名的欣喜。

正当我纳闷之际，程晨深深地叹了一口气说道："辞掉这份工作也好，省得天天在公司干一些跑跑腿、打打字的活儿，一点意思也没有！"

程晨是一所二本大学英语专业的毕业生，辞职前在一家外资公司担任部门经理助理。工作了好几年的她，现在月薪大概是3500元左右。还记得毕业初期，她就断断续续地换了好几份工作，职位不外乎前台、文员、秘书和助理。生性喜欢闲散、稳定和轻松的她，在选择工作的时候，将眼光大都放在这类文职工作上。

"你不是一直都喜欢这些简单的工作吗？好不容易做到现在，怎么就舍得辞掉这份工作呢？"对于她的选择，我实在有点不解。

程晨"唉"了一声，语带抱怨地说："这些工作就跟'鸡肋'一样，食之无味，放弃也确实有点可惜。可我如果再在这个岗位上做下去，迟早有一天会变成一个毫无趣味可言的机器人！"说到这，她的语气明显有点激动，声音一下子大了好几倍。

于是，我连忙安慰她："照你这么说，辞掉这份工作也未尝不是一件好事。那接下来，你有什么打算没有？选择创业还是另找一份工作呢？"

"唉，我现在也不知道，工作了这么多年，被文职工作套死了，想要在其他行业另寻发展可能性很小啊！"程晨想了想自己的困窘现状，刚开始的那一点摆脱了"鸡肋"工作的小欣喜一下子荡然无存。

"你可以尝试着创业呀，既然之前的'鸡肋'工作让你丧失了激情，那你不妨忠于自己的兴趣，和朋友或是家人搭伙，一起做点小生意，不但自由，钱也能多赚一点！"

程晨再一次否定了我的提议，她觉得创业有风险，不愿意把自己辛辛苦苦工作赚来的那点血汗钱砸进去，到最后弄得一个血本无归。

其实，像我朋友程晨一样饱受"鸡肋"工作之苦的职场人士并不在少数。其中一些人还将这份没有多大前景的工作视为自己的安身立命之事，尽管他们感觉现在的工作已经毫无趣味可言，却始终在这每天 8 小时的工作里苦熬。因为理智在提醒他们需要生存，所以大部分人都没有勇气向公司递出辞呈。

这样做的结果是什么呢？他们精神状态可能一日不如一日，度日如年，除了紧张、厌倦以及无可奈何，很难感觉到工作的快乐。

若如此，那或许可以及时辞职，不再虚度年华，不再让"鸡肋"工作耗尽自己的时间、精力、锐气、激情以及竞争力。当然，也许有人会对我的观点感到不服气，振振有词地辩驳道："你别站着说话不腰疼，现在工作可不好找，骑驴找马，万一马没找到，驴也整没了，那我们站在大街上喝西北风不成？"

其实，我本人并不赞同盲目地骑驴找马的这一做法。在我们决定是否要扔掉手头上的"鸡肋"工作之前，每一个人都应该先问一问自己："我有没有只见'鸡肋'，不见整只'鸡'？"若有，在我看来，这是一种目光短浅的行为表现。一些在职场摸爬滚打数年的人，可能还是目光短浅，喜欢计较眼前的一时得失，看不到长远的利益。

世界上没有免费的午餐。如果我们暂时还不是能力出众，才干非凡的员工，那么公司的领导就可能不会将整只鸡最肥美的部分留给我们。因此，也许我们努力工作，积极争取，提升自己的核心竞争力，成为公司不可替代的员工，今日嘴中的无味"鸡肋"迟早会变成明日美味可口的"鸡肉大餐"。

然而，当我们确定自己不只是不喜欢"鸡肋"，而是压根就不喜欢这只"鸡"的时候，我们或许可以像我朋友程晨那样，毅然地换掉现在嘴巴里正在咀嚼的"鸡肋"工作。道理很简单，萝卜白菜，各有所爱，一个讨厌吃"鸡肉"的人，实在没必要硬逼着自己生生吞下那哽在喉咙口的"鸡肋"。

与其在不喜欢的职位上煎熬度日，不如调整方向，明确定位个人的职业目标，在自己感兴趣的岗位上从一而终。如此，我们才不必日日咀嚼讨厌的"鸡肋"，同时还避免了频繁跳槽之苦。

在这里，我也想对朋友程晨说一句话，既然选择了扔掉"鸡肋"工作，就不要惧怕从零开始。工作不仅仅是为了安身立命，它还应该涵盖我们的兴趣和爱好，所以，现在不如花一点时间仔细思考，弄清楚自己内心真正的兴趣和渴望所在，毕竟磨刀不误砍柴工。

不懂职场潜规则，难以成功

我在职场打拼多年，一直从事人力资源方面的工作，从小型的私企到跨国集团公司，我经历过多种职场变故。到现在，当有人跟我抱怨职场不公的时候，我基本会表现得无动于衷。这些问题在我看来很平常，很难再有激烈的情绪。

作为HR，我们时常要处理员工降级和辞退等事宜。我曾经应公司要求为一位销售片区经理丁先生调换岗位，实际就是变相地降级后让对方主动离职。

其实我跟丁先生的私人关系还不错，能算得上工作之外有私交的朋友。他为人耿直，做事勤奋踏实，吃苦耐劳，责任心和正义感特别强，做事非常有原则，平时我们总戏称他"钢钉"。这样的人做朋友一定是两肋插刀的那种，但是职场生存能力有些差。

现在一些职场人存在这样一个认识误区，认为自己既然不擅长玩心计，那就老老实实地埋头苦干，只要自己全心全意地为公司耕好了分内的一亩三分地，公司多少都要论功行赏。领导不是常说："一切用业绩说话吗？"就像读书的时候，成绩好的孩子总是可以得到一些优待的。

其实，这样的想法可能有些不适合这个职场社会。我们常说，会做事的人只能当兵，会做人的人才能当官，这是有一定道理的。假如你觉得自己受过良好的高等教育，表现出清高的样子的话，那你可能会被逐出局。

"钢钉"进公司一年多便从一个最基层的业务代表晋升为片区经理。那时候，他是公司的"大红人"，是领导的重点培养对象，大家都很看好他，认为他前途无量，他对自己在公司将来的发展也是信心满满。

人都有一种自傲的心理，喜欢被认同，当获得某种奖励时，就可能会联想到这是对自己的认可。

理想一点看，公司给你的报酬和奖励是对你的认可，对你付出的回报；现实一点看，说明你对公司来说还有利用的价值，能为它带来更多的利润。记住，奖励是你应得的，而不是天上掉下的馅饼。

在升职后的大半年中，"钢钉"一连调换了三个区域。每到一个区域，他都会把自己那套"扎实做事，老实做人"的成功学搬出来言传身教。谁知有些下属不但不领情，还对他颇有微词，甚至有几位大区经理也不予支持。

对于一些事情或者行为，我们可能认为是好的，甚至道德标准认可它是好的，但在职场上有时很难得到相同定论。

作为朋友，我找了个时间私下和"钢钉"聊了很久。虽然他还是选择了离职，但他也很认可我说的这些话。一段时间后，他给我打来电话，说自己在另一家公司做得很不错，那次谈话后他比以前更会处理这些关系了，很感谢我给他的忠告。

人们只有遵循一些更适应现实的规则，才能在职场更好地发展；如果非要逆职场规则而行，那最后可能会出局。

工作三五年，高不成低不就

　　每一年的 6 月份，都会有一大批高中学子如飞出笼子的鸟儿，快乐地驰骋在广阔的自由天空。与此同时，大学校园里却正在上演着一幕幕有些伤感、有些欢喜的毕业典礼。

　　为什么有些人"大学毕业即失业"呢？为什么有些名牌大学毕业生也找不到合适的工作呢？种种问题盘踞在人们的心头，而问题的答案却没有完全浮出水面。

　　以我多年从事人力资源工作的经验来看，有些刚毕业的大学生不是找不到工作，而是找不到让自己"心满意足"并且愿意一直从事的工作。其实，不仅有些大学生在选择工作的时候容易陷入两难的境地，有些在职场上摸爬滚打三五年甚至更久的职场老人，有时也会让自己处于一个"高不成，低不就"的尴尬境地，寻不到"柳暗花明又一村"的光明出口。

在每年的招聘会上，一些企业往往会面临这样的窘境：给文员的岗位开出 2500 元工资，前来应聘者寥寥无几；给总经理助理岗位开出 6000 元工资，按理说前来应聘者应络绎不绝，可让人大跌眼镜的是，如此高薪之下，此职位竟然也落得个无人问津的凄凉境地！

为什么会出现这般匪夷所思的情况呢？

对于一些职场之人来说，工资可能是其最为关注的问题。而一般文员工作技术要求不高，薪资待遇不高，一些大学毕业生认为 2500 元完全不够自己一个月衣食住行的生活开销，也体现不出大学生应有的价值。一些刚毕业的大学生尚且如此，已有多年工作经验的一些职场老人更加不会对这种薪水低廉的工作另眼相看。

诚然，文员一职工资低少有人前来应聘不足为奇，可为什么工资待遇高的总经理助理一职也同样无人问津呢？总经理助理一职，不仅要求应聘者在学识、形象以及沟通能力方面出类拔萃，它还看重应聘者的个人诚信、胆识和自信心。一些大学毕业生由于工作经验缺乏，可能不能胜任，而一些职场老人可能对自己的能力不自信，也不会轻易去应聘。

朋友王雅在一家教育培训机构担任语文老师，5 年的时间里，她从一个专职的授课老师一直做到了部门的教育总监。原本对生活充满激情的她，最近却有点儿像霜打的茄子——蔫了，甚至和朋友结伴出去玩的时候，她也有些神情恍惚，心不在焉，最后弄得大家都对她颇有微词。

按捺不住内心的好奇，有一天，我给王雅打了一个电话，邀她出来吃饭。刚开始兴致不高的她还一再推辞，可最终敌不过我的热情相邀，准时前来赴约。

起初，我还以为她的生活出了什么大问题，在一番刨根问底的询问之后，王雅告诉我，她觉得自己现在的这份工作已经没有多大的上升空间了，而且薪资待遇也得不到她理想中的提升，所以，她渐渐地萌生了辞职的念头。

"原来你就为这事整天吊着一副苦瓜脸啊？"当王雅情绪低落的答案水落石出后，我感到有点难以置信，她算是一个职场老人了，怎么行为表现还跟一个初出茅庐的毕业生一样呢？

王雅尴尬地笑了笑说："我也不想这样，但是一想到自己要重新开始，和那些年轻的'90后'抢饭碗，我就感到头大！而且，现在的工作岗位要么薪水低得吓人，我不乐意干；要么门槛设置得太高，比照自身，我完全没有高攀的可能。"

确实，当有些人用"先就业再择业"的想法劝诫刚毕业的大学生时，像我朋友王雅那样已经有好几年工作经历的人，往往都不会吃这一套。毕竟他们不再是刚刚毕业不久的人，跳槽的时候一般都会把眼光放得更高，对自己下一份工作的薪资和环境的要求，一般要比目前的这份工作来得高。

可残酷的现实，可能让他们一而再、再而三地陷入"高不成，低不就"的怪圈，始终进退两难。面对好的工作单位，或是待遇优渥的职位，一些人没有办法找到切入口，凭借过人的才干承担起这份工作的职责；而面对一般的工作呢，如果和现在的工作别无二致，有时甚至还要稍逊一筹，那又何必另觅新枝？

职场最忌讳"好高骛远"和"自命不凡"之人。因此，与其哀叹现实给不了自己想要的，还不如好好反省一下自身，平时在工作之余，多补充一些新知识，努力充电，提高自己的职场竞争力。想主动挑工作，还是被动地让工作挑我们，决定权一直都在自己的手中。

置身于"跳槽"与"卧槽"的两难抉择之中

　　莎士比亚的著作《哈姆雷特》中，有一句经典名言至今仍让人们津津乐道，那就是：生存还是毁灭，这是一个值得思考的问题。

　　朋友魏一民最近就面临着一个"哈姆雷特式"的困惑，即"跳，抑或不跳"。工作好几年的他因为不喜欢公司复杂的人际关系，所以一直有着"跳槽"的想法，可是他又担心自己跳槽之后，找不到另外一家能给他开出同等薪水的公司。

　　就这样，他始终将自己置身在"跳槽"与"卧槽"的两难抉择中，暗自进行一场艰难的拔河比赛，至今没有分出一个胜负。

　　其实，人在职场，"跳槽"还是"卧槽"，从来就是一个绕不开的话题。有调查显示，白领阶层几乎人人都有至少一次的跳槽经历，多的甚至高达十余次。在现实生活中，人们选择跳槽的理由通常都没有太大的差别，有的和我朋友魏一民一样，纯粹是因为不喜欢公司复杂的人际关系，还有的是出于对现有的工作环境和薪资待遇不满意。

既然如此，为了改变让人窒息的工作现状，我们是不是应该选择义无反顾地跳槽呢？从事人力资源工作多年，我看过太多因为盲目跳槽导致自己职业生涯惨不忍睹的例子。为此，我的建议是：跳槽有风险，执行须谨慎。

前不久，一个24岁左右的姑娘来我们公司面试行政文员一职。负责人事招聘的我，仔细看了一下她的应聘简历。不看还好，一看吓一跳，在她的工作经历一栏，密密麻麻地写了好几行字，我仔细数了一下，目前为止，她一共做了6份工作！

这个数字代表了什么？我相信答案是不言而喻的，这位姑娘自毕业之后，平均不到一年的时间就换两份工作。当我吃惊地问道："你之前做过6份工作是吗？"姑娘的神色颇为得意，她自信满满地回道："是的，我做的这6份工作全都是行政文员，工作经验丰富，所以您完全不用担心我的工作能力！"

听了她的回答，我有点哭笑不得。怎么能不担心呢？没有任何一家公司喜欢稳定性不强的员工，她频繁跳槽的经历非但没有让她博得一个"工作经验丰富"的美誉，反而让HR担心她的稳定性，甚至质疑起她频繁跳槽的原因。

当我再三询问她频繁跳槽的原因后，她给出的答案果然如我预期的那样含糊不清。对我来说，简简单单的四个字"我不喜欢"并不具备任何的说服力，因此，我最终没有将公司行政文员的职位交到她的手上。

我给读者说这个例子，不是想要一棒子打死所有在职场上选择跳槽的人，而是希望通过这个例子告诉大家，在我们决定跳槽之前，一定要学会三思。频繁跳槽可能只会让应聘单位担心我们的稳定性，并且从不好的角度来揣测我们跳槽的原因，比如是不是工作能力或是为人处世有问题等。

不仅如此，从表面上看，我们频繁跳槽直接损害的是企业的利益，但细细想来，我们自己才是最大的受害者。为什么这么说呢？频繁跳槽不仅不利于我们个人资源和经验的积累，还会让我们养成"这山望着那山高"的坏习惯。更有甚者，病急乱投医，最后从一个"狼坑"跳到了一个"虎窝"，又从一个"虎窝"跳进了一个"狮群"。种种不满意让我们陷入了一个恶性循环，最终影响自己的发展。

那么，我们究竟是选择"跳槽"还是"卧槽"呢？著名策划专家王志刚就曾在《职场百戒》中做了一些回答。他认为，在跳槽之前，人们必须先考虑以下三个问题。

1. 我的本行是不是没有发展了？同行的看法如何？专家的看法又如何？如果真的已无多大发展，有无其他出路？如果有人一样做得好，是否说明了所谓的"无多大发展"是一种错误的认知？

2. 我是不是真的不喜欢这个行业？是否这个行业根本无法让我的能力得到充分的发挥？换句话说，是不是越做越没趣，越做越痛苦？

3. 对未来所要转换的行业的性质及前景，我是不是有充分的了解？我的能力能否让我在新的行业如鱼得水？而我对新行业的了解是否来自客观的事实和理性的评估，而不是急着要逃离本行而产生的一厢情愿的自我欺骗？

只有当我们对这三个问题有足够理性的认知之后，我们才会真正地以自己的职业目标为导向，不再被"卧槽"还是"跳槽"困扰，最后在职场上迎来自己事业的最美春天。否则，我们可能就会处于犹豫不决、进退两难的境地，不知道最后该何去何从。

陷入"穷忙"的工作怪圈

前几天，我在网上的一些论坛和贴吧瞎逛，突然看到好几个帖子都在说同一件事：发帖的主人公们纷纷诉说自己在职场的心酸和无奈，自称比"月光族"还可怜。曾在大学毕业初期当过挺长一段时间"月光族"的我在看到这些话之后，感到非常好奇，因为根据我以往的经历，上班族中少有比"月光族"还要可怜的人。

大家先别急着向我拍砖，我敢如此断言必定有自己的道理。

刚毕业不久的大学生，初入职场，薪水待遇一般都不怎么样，每个月拿个2000元到2500元是常有的事。除去房租、水电费、伙食费、交通费以及通信费等，往往还不到月底，口袋里就可能听不见一个硬币的响声。

因此，有些人拿到一点微薄的薪水后，想要犒劳一下自己出去吃一顿丰盛的大餐，或是给自己置办一件得体的衣裳都很难。每个月不伸手向家里或是朋友借钱已算是不幸中的大幸了。

再说说那几个帖子，我仔细看了看其中一个帖子的内容，这个帖子的主人是一个网名叫"小鱼儿"的姑娘，她在一家跨国集团工作，每个月都拿着丰厚的薪水。不仅如此，她还利用闲暇时间，做起了兼职，在网上开了一家网店，生意还算不错。

按理说，每个月能领取两份薪水的她，很多方面可能比普通白领要强，可她为什么还在众网友面前哭"穷"，说自己比"月光族"还要可怜呢？原来，她大学毕业之后，就进入了一家大公司上班，至今已经工作了好几年。安于现状的她在工作稳定之后，虽然每个月都能拿高薪，可是她自己也渐渐失去了继续深造的动力。而且，她每个月都要花掉工资的三分之一，来购买漂亮的衣服和名贵的化妆品，剩下的薪水还要用来支付房租以及其他一些必要的开支，最后，身兼两职的她收入所剩无几。而大把的时间用在工作上，她感觉自己每天忙得像一个高速旋转的"陀螺"，越来越忙，也越来越穷，平时都腾不出时间去充电学习，只得和理想挥泪告别。

读完整个帖子之后，我总算是明白了，其实，网友"小鱼儿"正是当下社会普遍又新潮的"working poor"，翻译成中文即"在职穷人"或"穷忙族"。

日本著名经济学家门仓贵史曾给"穷忙族"下了一个定

义——每天繁忙地工作却依然不能过上富裕生活的人。与这个略带学术意味的定义相比，我本人更欣赏《炮打穷忙》这本书对"穷忙族"所做的精辟比喻，它把"穷忙族"比喻成"驴子"，形象可感，让人的脑海里一下子出现这么一个画面：忙碌在磨盘旁的驴子，日夜不停地忙碌，得到的却永远只是一捆干草。

最开始，人们只是把那些在职场上像驴子一样拼命工作却得不到回报、看不到太多希望的人，称为"穷忙族"。后来，这个定义得到扩展——为了填补空虚生活不停消费，之后又投入忙碌的工作中，而在消费过后最终又重返空虚的人也被称为"穷忙族"。网友"小鱼儿"无疑属于后者。

据调查，上班族中有高达75%的人自认为是"穷忙族"，其中不乏像网友"小鱼儿"那样，每月领着高薪可依旧让自己陷入"穷忙"工作怪圈的人。我们不禁会问："为什么当下社会会出现那么多的'穷忙族'？"

美国一位摆脱了"穷忙"的前辈费里斯曾说："忙碌，只是偷懒的一种形式，那是因为你懒得思考和分辨自己的行动。"我想，这句话应该一语击中了许多采取"驴子"式工作、思维混沌的职场老人的心。

许多陷入"穷忙"工作怪圈的上班族，之所以最后只能得到"一捆干草"，可能是因为他们没有明确的职业规划，不清楚当前的工作是否有利于自己职业规划的实现。一个懒于思考和辨别自己行动的人，在工作上可能起得比鸡早，睡得比狗晚，吃得比猪差，干得比驴多，最后却越忙越穷，与自己的理想越来越远。

除此之外，不合理的消费态度亦是"穷忙族"出现的一个原因。网友"小鱼儿"对此应该有发言权，每月收入不菲的她，因为不懂得节制自己的消费欲望，花钱总是大手大脚，纯粹是为花钱而赚钱，所以每天都为工作忙得团团转，最后把自己累得半死，悲哀地沦为"穷忙族"。

我们要想彻底地走出"穷忙"的工作怪圈，重新和自己的理想拥抱在一块，一定要为自己量身制订一个明确的职业规划，弄清楚自己的职业方向，让自己每一分每一秒的忙碌都有其价值的归属。

此外，我们还应该学会理财，谨慎和理智地对待物质消费，千万不要盲目虚荣，为消费而"穷忙"。要知道，毫无节制地消费欲望是一个深不见底的大陷阱，人一旦沦陷将很难翻身。

好机会基本靠"抢"

职场人士要想让老板对自己另眼相看，要懂得毛遂自荐，化被动为主动，争抢宝贵的机会。很多人也许会说，我本是一身傲骨，绝对不会为这一斗米而折腰，一味地向老板"邀宠"，丢掉自己的原则和气节。

可是在我看来，持有这种思想的人，也许不会在职场上平步青云。道理很简单，纵然他是一匹千里马，如果没有伯乐的赏识，他可能只能在平庸的环境里潦倒一生，碌碌无为。

回首往事，我本人就曾是这样一匹自以为是的"千里马"。大学毕业之后，我在一家公司担任人事助理，生性腼腆内向的我骨子里有着一股异于常人的执拗。当时，我觉得只要自己勤奋工作，埋头苦干，总有一天老板会注意到我，为我提供宝贵的机会和升职的平台。

内心的理想是"丰满"的，而现实往往非常"骨感"。

在一次员工会议上，老板突然宣布，公司现在有一个出国学习的机会，为期三个月，但是名额只有一个。还没等老板把话说完，会议室的同事们就开始窃窃私语，很多人都跃跃欲试，渴望自己就是那个唯一的出国学习的人选。

其实，和其他同事一样，我也很想拿到这个出国学习的名额，毕竟这是一次难得的可以全面提升自己的机会。我暗暗地忖度了一下自己的工作能力和表现情况，自信心突然像气球一样越吹越大，坚信老板一定会将这个名额给我。

正当我大白天做着美梦时，工作能力一向不如我的一个同事突然"噌"的一声，站了起来，中气十足地对老板说道："老板，我希望您能给我这次出国历练的机会，我是英语专业毕业的，出国学习绝对不会出现语言障碍，三个月后，我保证您会对我刮目相看！"

铿锵有力的一席话顿时让会议室鸦雀无声，而老板嘴角的笑容对这个同事来说，无疑是一颗最好的定心丸；对其他同事和我来说，却是让人捶胸顿足的一个信号。

最后，在同事们的羡慕之中，这位同事如愿地飞到了国外，进行了一次为期三个月的"镀金"学习。

我觉得自己实在是倒霉到了极点，这些日子以来的辛苦工作完全就是竹篮打水，出国学习的宝贵机会就这样和我擦肩而过！

023

从这件事中，我终于明白了一个真理：职场的好机会从来都靠"抢"。我们要学会积极主动，勇敢地叩响伯乐的门。

公司的老板工作繁多，也许没有多余的时间和精力来注意到我们这些默默无闻的小员工。努力工作和能力出众只是我们加薪又升职的前提条件之一，要想在职场上大放异彩，我们必须抓住一切能让自己提升的好机会。

因此，倘若老板这座"大山"不向我们走来，我们何不转换一下心态，移动脚步，飞快地朝他奔去？俗话说得好，条条大路通罗马，只要我们积极一点，主动一点，在老板面前大胆地毛遂自荐，亮出自己的果敢和自信，适时地推销自己，好机会就可能属于我们。

付出和回报不相当

　　"种瓜得瓜，种豆得豆"，这是一句耳熟能详的古话，很多职场之人都喜欢用这句话来激励自己，只要努力付出，最后就一定能得到丰厚的回报。

　　然而，我们的这一信念有时可能会被残酷的现实否定。有些人工作了六七年，付出和回报从来没有相等过，巨大的反差让他们心生倦怠，不知道何去何从。

　　既然多劳不一定多得，付出不一定能收获同等价值的回报，这是不是代表以后我们对待工作就可以敷衍了事，浑水摸鱼？可能有些人的答案是"Yes"，毕竟工作不同于做慈善，如若没有同等的报酬，少有人还愿意夜以继日，将自己宝贵的精力和时间投进去。

　　在这里，我想告诉每一位在职场上摸爬滚打的人，倘若我们真的抱有上面那种想法，可能日后迟早要吃大亏，轻则加薪升职无望，情绪一蹶不振，重则丢了赖以生存的饭碗，连基本的温饱都成问题。

我可不是在打诳语，说大话吓唬大家，我本人就曾在自己所属的公司目睹了一位同事因为消极怠工而被老板炒了鱿鱼。

该同事在公司担任行政助理，由于每天都要和各个部门的人打交道，处理公司日常的一些琐碎事物，她几乎每天都早到晚退，像"陀螺"一样转个不停。为此，她总是向部门主管抱怨自己的工作实在是太辛苦，言谈之间每每都在暗示领导给自己加薪。

可是公司领导压根就不如她的意，活依旧是那么多，薪水还是原地踏步。希望落空之后，她渐渐地生出许多不满之心，每天当着办公室同事的面抱怨个不停，觉得自己的付出和回报简直是天壤之别。刚开始，好心的同事还温言细语地安慰她，连部门主管都出面找她谈心，让她先放下负面情绪，努力工作，日后公司的领导一定会给她记大功。

可她一点也不相信这美丽的承诺，觉得它就是传说中的"糖衣炮弹"，专门用来迷惑她的心智，让她一直任劳任怨地干下去。带着这种消极心态的她，在接下来的工作中总是拈轻怕重，再也不像之前那样用心了。有时候，别的部门同事好言好语，请她出去采购一些办公用品，她也只是冷淡应付，买回来的东西不是少了这样，就是落了那样。有时甚至是部门主管亲自交代她的事情，她也总是缺斤少两，拿个半成品交差。

有一次，公司老板交代行政主管搜集一份重要的资料，整理打印好第二天再交给他。刚好行政主管临时有事，就把这件重要的差事交给了她，丁叮咛万嘱咐，叫她不要出错。表面上应承得好好的，可转过身她就又故态复萌，并没有全心全意地对待这份差事。

结果可想而知，面对那份滥竽充数的资料，老板大发雷霆，严厉地质问了一番行政主管。"罪魁祸首"随之浮出了水面。在炒掉她之前，公司老板的一席话让她叫苦不迭，悔不当初。

"原来这就是你的工作态度和工作能力！原本你的部门主管还告诉我你是一个踏实肯干的人，建议我给你加薪水，我也确实打算过一阵就加。可我看你现在应该用不着了，收拾一下自己的东西赶紧给我走人，我的公司不欢迎浑水摸鱼之人！"

其实，部门主管并没有失信于她，公司老板也想着过一段时间给她加薪水，可早已怨恨牢骚满肚子的她却一时"小不忍，乱大谋"，白白地把自己苦心经营多年的职场生涯给葬送了。

由此可见，付出不是没有回报，付出只是不一定马上就能得到回报。而且，不管我们在什么样的岗位上，如果不愿意付出努力，那我们很难得到回报。这就是现实，或许听起来有些无情，但也绝非不能承受。

有时候纵然付出和回报的反差有些大，但这绝对不会成为职场的常态，因为机会总是青睐那些敢于多付出、乐于多付出的人。当我们一如既往地用心工作时，总会有人看到我们的努力和付出，凭借这一点，我们成为职场精英的机会也一定会更大！

职场"三十难立"的悲哀

孔子曾说"三十而立"，可现在很多人却是"三十难立"。

到三十岁的年纪，有些人可能早已经没有了二十几岁的热情洋溢，也还没能达到四十几岁的老练成熟，每日艰难地行走在钢筋水泥混合而成的城市里，领着微薄的薪水，过着朝九晚五，时不时还要加班加点的单调生活。

孝敬父母？没钱。娶妻生子？没钱。买房买车？没钱……这是一些职场老人们"三十难立"的悲哀所在，挣的钱永远只够维持基本生存，有时候甚至还得厚着脸皮当一下"啃老族"，伸手找年迈的父母要钱。

朋友付强最近刚过完三十岁的生日。朋友们替他庆生的那天晚上，付强这个大男人突然情绪失控，像个小男孩一样号啕大哭，嘴里不停地喊着："三十而立，我有什么资格三十而立？工作不给力，要房没房，要车没车，要钱没钱，不仅养不活老父老母，就连一个媳妇也娶不起，我真是没用啊！"

在场的朋友听到他撕心裂肺的怒吼，都觉得有些心酸。在许多和付强有着相同处境的朋友们抱成一团，痛哭不止时，我却一个人坐在角落边的沙发上，一言不发地陷入了沉思。

"三十难立"究竟是难在哪些地方呢？朋友付强的满腹心酸，我好好地整理了一番，其实无非就是以下三个"难立"：

第一，事业难立。朋友付强在一家外贸公司做业务员。大学毕业已经六七年的他，按理说现在不应该只是一个小小的业务员。不管职场怎么难混，六七年的时间也能让一个人坐上主管的位置吧？可惜事与愿违，现在的这份工作他才做了不到一年，所以谈不上升职。过去，他总是喜欢这山望着那山高，频繁地跳槽让他奔波于多个行业，最后终究是难以成事。

第二，财富难立。对于即将要迈入三十岁，或是已经跨过三十岁大关的职场老人们来说，"三十而立"的另一种含义是"三十而富"。这个"富"的标准无外乎就是，自己不仅有房有车，还有存款。按照这个标准，付强无疑是社会公认的"贫困蚁族"，工作了六七年，他几乎每个月都过着"月光"生活，手头上没有多余的闲钱。如此赤贫，又何谈"三十而富"？

第三，家庭难立。经济基础对于一个家庭而言有着举足轻重的作用。付强既没有拿得出手的事业，也没有足以安抚人心的银行存款，家庭难立自然也就在意料之中。

虽然现实有时很残酷，但是我们却不能任由自己迷失，凡事总有转圜的余地，穷则思变才是突破"三十难立"的关键所在。

那么我们究竟该从哪里做起呢？首先，从现在开始，我们必须找准自己的职业定位，多问问自己喜欢做什么，不喜欢做什么。要知道，只有把握住自己的兴趣所在，我们才能找准正确的方向，然后勇敢地扬帆起航，朝着目标开去。其次，我们要利用好闲暇时间，充分挖掘自己的潜能，不断学习，努力提升自己，让事业、财富以及家庭通通都"立"起来。

第二章

职场"三无"人员
如何找对方向

　　而立之年，很多职场人都有如下尴尬遭遇：加薪升职无望，跳槽高就无门，自主创业无路。这些"三无"职场人就像牢笼里的困兽，跃跃欲试又找不到出口，不甘心却无可奈何，一不小心就成了职场"剩人"。

悲哀的职场"三无剩人"

作为一个消费者，你在商场购物最怕买到什么产品？对于这个问题，第一时间窜入我脑海的就是四个字——三无产品。

为什么这么说呢？我相信每一个人都希望自己买到手的东西不是山寨货，起码要有一定的质量保障，如此，我们才能放心大胆地使用。

我们评价一个产品是否合格，关键就看它是不是"三无产品"。而这个社会判断一个人是否有前途，也会看他属不属于职场"三无剩人"。

在这里，我们需要注意的一点就是，职场上的"三无"并不等同于三无产品的"无生产日期、无质量合格证以及无生产厂家"，它指的是妨碍而立之年的职场老人们事业有成的三只拦路虎：加薪升职无望，跳槽高就无门，自主创业无路。

说到这，我突然想起了一个人，我所在公司一姓肖的同事，一个典型的职场"三无剩人"。掐指一算，在客服部担任经理助理的他，从事这一行已经整整七个年头了。

大学毕业之后，他并没有找一个和自己所学的新闻专业对口的媒体工作。看着身边的同学一个又一个地奔波在艰难的求职途中，他开始惴惴不安起来。为了尽快找到一份工作，他终于决定不再挑三拣四，只要有公司愿意要他，他就去。

就这样，他抛弃了自己最初想当"无冕之王"的美梦，匆匆进了我所在公司的客服部，当起了经理助理，一干就是六七年。

众所周知，经理助理的工作一般都非常的繁琐和单调，一个人要想对它从一而终，还真需要莫大的勇气。就这一点而言，他可谓是助理界的"九袋长老"，其资历和耐心远远超过公司一般的文职人员。

虽然现在从事的助理工作看起来非常稳定，但对他本人来说，这并没有什么值得骄傲的地方。毕竟这份工作没有太高的技术含量，就连一个普通的高中生都能轻松上手。试问，公司怎么会愿意为他这样一个随时可被替代的普通员工提供优渥的薪资待遇呢？其实，不仅加薪成了一件不太可能之事，就连升职也是。

或许你会说，此处不留爷，自有留爷处，既然在这个公司没办法混出一个人样，那为什么不另谋高就，寻找一个新的落脚点呢？

出于好心，有同事也曾对他提出过这样的建议。可在他看来，这么多年的助理工作并没有让他提高自己的核心竞争力，跳槽高就未必有门让他进去。即便有幸进去，自己说不定还是和现在一样，每天干着同样的活儿，难以加薪、升职。

别急，还有创业这条路呢。与其一辈子给别人打工，受人摆布，看老板的脸色生活，还不如自己创业，做点小生意，如此也落得个自由快活。

当他听到"创业"二字时，脸色一下子忽红忽白，他尴尬地表示，自己这些年的银行存款还不到五位数，自主创业实在是有点不靠谱。

当今社会，像我同事这种职场"三无剩人"一定是大有人在。大学毕业的时候，他们生怕自己落单，没有工作被人讥笑，于是急于找到一份工作"安身立命"。可不幸的是，纵然这份工作缓解了自己的燃眉之急，却也埋下了影响自己一生的隐患。

我这位同事找了一份自己并不喜欢的工作，不仅薪水低廉，升职更是遥遥无期。他燃起了一把火，把自己宝贵的青春烧得一干二净，只剩下一堆焦躁绝望的灰烬。现在的他犹如一只深陷职场牢笼里的困兽，急躁地上蹿下跳，却找不到一个逃生的出口。

我想对包括他在内的职场"三无剩人"提两点建议。

首先，我们一定要明白，兴趣才是最好的老师。所以，请停下匆匆前行的脚步，好好地问一问自己，我最喜欢做什么，什么样的职业才会让我的幸福指数飙升。选对了职业，我们才能走在航向正确的道路上，心中了无迷茫，前程也才能繁花似锦。

其次，当我们弄清楚自己的兴趣所在时，遵从自己内心的渴望，努力学习，成为行业的翘楚。俗话说，世上无难事，只怕有心人。对待事业多一份坚持和韧性，成功迟早手到擒来。

当我们做到以上两点时，我们才能真正翻开事业的新篇章，摆脱职场"三无"的"杯具"命运，彻底和职场"剩人"说拜拜。

工作也要用情专一

微博上曾经流传这么一句话：你若不离不弃，我必生死相依。很多在爱情中缠绵悱恻的年轻人，都喜欢在恋人面前拿这句话来表示自己的忠诚，言辞笃定，语意诚恳。听了这绝美的誓言之后，几乎没有人能够做到心如止水，不泛起一丝感动和沉醉的涟漪。

然而，回过头来仔细想想，我们会发现恋人们许诺的"生死相依"其实有一个非常重要的前提，那就是他们"生死相依"的对象必须先对他们"不离不弃"。弄明白了这个必不可少的前提，人们就会恍然大悟，如果我们想吃到伴侣独家配制的"生死相依"的定心丸，那么必须首先要让他们感受到我们"不离不弃"的决心。

其实，谈恋爱如此，工作亦是如此，我们不在乎它，它自然也不会在乎我们。如果我们想在工作中有大收获，用情专一总是要好过三心二意。

阿里巴巴集团董事局主席马云，做生意可是出了名的"用情专一"，阿里巴巴的成功正是他工作专注和用心的最大成果。

我曾经看过一个报道，有一个"屡战屡败，屡败屡战"的创业者问马云："我曾经经营了一年的酒店，没干一年就关门了；然后卖整体橱柜和卫浴，做了五年，没想到不但没挣到钱，反而做赔了。我这几天发现山寨手机利润还可以，开个手机店可以吗？"

马云并没有给予创业者正面的回答，他笑着说道："你没有入错行，只是心太花，不知道自己要什么。做企业一定要专注，要坚持，要有激情，要相信自己可以为客户创造独特的价值，相信自己可以做不一样的事情。"

"心太花"三个字确实是一语中的，小伙子之所以现在还摸不清自己的事业方向，完全是因为他对待工作还不够"用情专一"。他先是在酒店经营上花了一年的时间，后来又在卖整体橱柜和卫浴上虚掷了五年的宝贵光阴。

可是人的一生又能有多少个六年？时光荏苒，当我们幻想着另一份职业也许会更好时，可能会身在福中不知福，忽略了自己当下从事的这份职业。而一个对待手头上的工作不专注的人，其职场生涯必定不会顺遂。

为什么我敢下如此断言呢？众所周知，热情和激情是一个人事业有成的动力之一，如果我们对待工作总是朝三暮四，那么肯定不会为它奉献出自己所有的热情和激情，从而也就可能导致工作质量一日不如一日。

长此以往，我们怎么可能拿得出骄人的工作成绩向老板邀功请赏呢？或许有的人会说："这有什么了不起的？此处不留爷，自有留爷处，大不了我一走了之，另觅高枝呗！"这话说起来简单，做起来可就难喽。当我们去下一家公司面试时，面试官可能会问起上一份工作的业绩情况，到时候我们又该如何从容应对呢？

041

我们在职场行走，就好比在阶梯上行走，步子要是迈得大了，一不小心可能就会踩空。因此，我们要想平安地到达顶峰，就必须踏踏实实地做好眼下的工作。

就拿我本人来说，我今天在事业上取得的成就都要功归于两个字——专注。大学毕业之后，我选择了从未接触过的人力资源行业作为奋斗的起点。

刚开始，我也遇到过许许多多的苦难，但却从来没想过放弃。一想到工作"用情不专"之后接踵而至的烦恼和不幸，我就会不停地给自己敲警钟，告诫自己一定不要抱有侥幸的心理，对待工作务必尽心尽力，脚踏实地。

凭借着这种专注的工作态度，我终于顺利地度过了"七年之痒"，安稳地坐在了人力资源总监的宝座上。以前刚进公司的一只小菜鸟，现如今已到了自己向往的那一方蓝天。

我想告诉那些在自己的岗位上得过且过、不断寻找工作备胎的职场老人们，工作其实就像一面镜子，我们若想从镜子中看到一个前程似锦的光明未来，就必须先主动示好，表明自己定当"用情专一"的决心。

学会 "自我炒作"，实现职场突围

前一阵，在大学同学的聚会上，室友小唐在得知我现在正从事人力资源这一行之后，便滔滔不绝地跟我倒起了工作上的苦水。

她语带哀怨地控诉道："你说我怎么就那么背呢！大学毕业之后，我也没有随波逐流，跟其他同学那样急于找一个工作落脚，而是听从自己的兴趣干起了文案策划。可是，埋头苦干的我为什么老也攀不着加薪又升职的好事啊？做了这么多年，至今仍旧是一个光杆司令，像极了一头笼中困兽，思来想去，总是找不到突围的方法。"

我听了之后，也替她感到可惜，因为在我以往的印象中，她绝对是一个对文字有着超强驾驭能力的才女。按理说，这么多年过去了，凭她的本事应该早就在文案策划界大放异彩，可为什么现在还没能如愿实现自己的抱负呢？

或许，她也和很多在职场上摸爬滚打好些年的人一样，不懂得营销自己，不会借助适当的"自我炒作"来为自己开山辟路。

当下社会，认真工作固然是升职加薪的必要条件之一，但是适当的"自我炒作"同样不可或缺，关键时刻，它往往能帮助我们实现职场突围，让我们停滞不前的事业"久旱逢甘霖"，迎来一次新生。

为此，我简单地给她支了几个小招，衷心希望她能从中获得些许启发，为她日后成功地实现职场突围有所帮助。

第一，让更多的人知道你。

我姐姐曾经做过建筑器材的销售工作，在她看来，一个业务员在开展自己的工作之前，一定要明白结交陌生人的重要性。这么多年以来，姐姐一直坚持每天给四个陌生人打电话，拓展新的客户资源。不仅如此，她还想方设法地参加各种各样的聚会，主动与陌生人谈话，并且交换彼此的名片。

正是因为这样，她的社交半径才越来越长，她不仅结识了许多赫赫有名的大人物，还让这些名人见识到了自己的能力与才干。

正所谓"多个朋友多条路"，每当姐姐在工作上遇到了难题，她总能找到合适的朋友为自己"雪中送炭"。长此以往，她的事业就如芝麻开花——节节高，职位越来越高，薪水也越来越多。

第二，言谈举止保持自信。

美国心理学家阿瑟·沃默斯认为，只要我们将身体语言稍做调整，就能产生令人惊讶的直接效果。比如，面带微笑、身体前倾、眼睛对视、点头、友好握手等这些身体语言都能让我们展现出一个亲切随和又充满自信的外在形象，赢得陌生人的青睐和好感。

与此同时，我们还要学会控制自己说话的节奏和音调。譬如，说话时节奏放快一点，会让我们显得更为成熟、专业和自信；说话结尾时千万不要拔高音调，因为这样做只会让别人质疑我们所说之话的可信度和可靠度。

第三，时刻展示你的成熟。

很多人在遇到突发状况之时，会表现得惊慌失措，可能随口一句"事情怎么那么糟，我完蛋了"，这会让旁人觉得你不成熟，可能不具备应对突发事件的能力。

所以，我们遇事一定要学会处变不惊。工作中时刻展现我们的成熟作风，不仅能让同事对我们刮目相看，也能促使老板对我们委以重任。

对于职场老人而言，成功地实现职场突围其实并非一件天大的难事。只要能够时刻将"自我炒作"置于心间，假以时日，我们一定能够突破工作的瓶颈期，迈向一番更为广阔的新天地。

度过职场迷茫期的"上策"

从事人力资源工作多年，几乎每天都会有同事、朋友以及陌生人向我诉说他们工作上的迷茫。出乎我意料的是，在这群人中，年轻人并没有占很高比例，反倒是一些久经沙场的职场老人们显得忧虑重重，茫茫然找不到事业的方向。

经过多年的观察，我发现这些处于职场迷茫期的人，为了排遣自己内心的苦闷，往往不会选择按兵不动，当作什么事儿也没有发生，而是在"抱怨""忍耐"和"寻求岗位价值最大化"这三条对策中选一条。

其实，不同的对策就跟田忌的赛马一样，可以分为上、中、下三等。下策自然是"抱怨"，比"抱怨"稍微好一点的就是中策"忍耐"，而"寻求岗位价值最大化"与前面两条对策相比，必然是帮助度过职场迷茫期的"上策"。

在竞争日益激烈的职场，一些人对于工作上的"七年之痒"的出现显得手足无措，压根就搞不清楚问题的症结所在。因此，有些人通常会陷入一种充满抱怨的负面情绪之中，整天唉声叹气，抱怨公司待遇不好，抱怨老板不讲人情，抱怨同事勾心斗角，抱怨客户关系难搞……抱怨这个，抱怨那个，少有人愿意抱怨自己，从自己身上寻找问题的根源。

据我分析，这种酷爱抱怨之人，他们的自我责任感一般都比较差，奋斗拼搏的精神也不怎么强。公司为他们提供了一个岗位，他们可能没有好好地珍惜，去充分挖掘这个岗位背后潜藏的巨大价值。面对工作，他们时常抱着"差不多就行了"的敷衍态度，长此以往，加薪升职自是与他们无缘，跳槽高又少有拿得出手的专业才干，至于自主创业，那更是难。

如果说频繁地抱怨让人觉得心烦，那么压抑心底的忍耐就平添了几分可怜的色彩。毕竟，默默无闻的忍耐只会给自己带来伤害，并不会过多地累及旁人。

面对工作上的"七年之痒"，一个选择忍耐的人，其可能时常处于紧张和焦虑的状态，他们和喜欢抱怨的人一样，都没有弄明白问题究竟是出在哪里。对于现有岗位提供的机会，他们的认识程度和挖掘深度虽然比抱怨者高出许多，但还是远远不够。

千万不要认为忍耐一时能换得风平浪静一生，积年累月的忍耐不仅会让人在事业上平庸无为，它可能最终还会变本加厉，于悄无声息之中让一个人的精神之弦断开。

我们若想成功地度过职场迷茫期，就必须毫不犹豫地选择上策——寻求岗位价值最大化。只有这样，我们才能在跳槽高就无门、自主创业无路的情况下，拼尽全力地将手头上的工作做好，充分挖掘当下岗位潜藏的宝贵价值，获取成就感。当我们把本职工作做到极致的时候，一定会发现自己成长得比谁都快，迷茫再也不会盘踞在我们的心头，取而代之的将会是对未来职业方向的自信和自知。

给大家讲一个发生在我身边的小故事吧。我有一位同事名叫费玉心，今年是她在公司工作的第七个年头，和其他的职场老人一样，她也正面临着工作上的"七年之痒"。

可幸运的是，她并没有随波逐流，傻乎乎地选择抱怨和忍耐，而是采取积极的行动，像奥运选手冲刺金牌一样，愈加认真地对待手头上的工作。当其他同事趁老板不注意，偷偷地听歌、看电影以及闲聊时，她却争分夺秒地埋首于案前，从自己花尽心思的工作中不断地寻找成长的机会。

人的潜力果然无限，费玉心秉着"做一行，精一行"的工作态度，其业绩竟然在不知不觉中不断提高，最后遥遥领先于部门的其他同事。就这样，她从一个名不见经传的小职员，摇身一变，一下子就成了公司的"大明星"，不仅同事对她爆发出来的惊人能量暗自称奇，就连公司老板也对她这匹黑马竖起了大拇指。

前不久，公司老板就示意人事部门找费玉心谈话，谈话内容自然是升职加薪的大喜事儿。现在想想，一个人要是能升职加薪，最关键的一点应该还是他把手头上的工作做好，成功实现岗位价值的最大化。若非如此，同事费玉心也不可能顺利度过工作上的"七年之痒"，公司老板更不可能应许她一个美好的前程。

比尔·盖茨曾说："每一天，都要尽心尽力地工作，每一件小事情，都力争高效地完成，不是为了看到老板的笑脸，而是为了自身的不断进步。"只有倾尽全力做好本职工作，不为自己留下一丝疑惑的空间，寻求岗位价值的最大化，我们才能不断完善自身，拨开职场的重重迷雾，再见光明。

学会蛰伏，等待机会伺机而动

如果有人问我："职场成功的秘诀是什么？"我一定会不假思索地抛出四个字："学会蛰伏。"在我看来，一个懂得蛰伏，等待机会伺机而动的人，绝对深谙兵家在刀光剑影的战场上"按兵不动"的谋略。

职场上的人事调动瞬息万变，小不忍则乱大谋，遇到不顺心之事，我们要是沉不住气，不仅会错过即将落到我们碗里的宝贵机会，有时候甚至还会搞砸我们赖以生存的"饭碗"。

我可不是在开玩笑，朋友毛志均就曾因为沉不住气，出言不逊，冒冒失失地冲撞了他们公司的大老板。每次一提起他这件事，我们这一大帮朋友都会忍不住翻白眼，因为大伙儿实在是想不明白，好好一只煮熟了的"鸭子"，怎么就被他这个大笨蛋给踢飞了。

几个月前，公司老板把毛志均叫进了办公室，和颜悦色地对他说道："老毛啊，你也是公司的老员工了，工作经验比其他同事都要丰富，今天我有一个特别重要的任务要交给你，希望你能好好完成！"

毛志均一听，心里顿时就烧起了好几把大火，原来老板也知道他是公司的老员工啊！可为什么他在工作上如此尽心尽力地付出，老板却总是视而不见呢？

最让毛志均感到不爽的就是，公司一有什么麻烦复杂的工作任务，其他同事闪得比闪电还快，一个个都唯恐避之不及。就这样，没人愿意收拾的烂摊子，老板总是会第一个想到他，而每逢公司人事调动的时候，他在加薪又升职的红榜上却看不到自己的名字。

仿佛察觉到了毛志均的迟疑，公司老板连忙对他承诺道："你放心，这件事儿办成之后，我一定给你加薪升职，凭你的实力，部门主管的位置绝对非你莫属！"

老板的金口一开，毛志均整个人就跟打了鸡血一样，顷刻之间，他满脸的愁苦之色就消失得无影无踪，取而代之的是高昂的斗志和抖擞的精神。

人们常说希望越大，失望也就越大，这句话放在毛志均身上果然不假。当他耗尽心力地将老板交代给他的任务完成后，苦巴巴地等了十来天，却始终不见老板兑现当日的诺言。

于是，天性认死理的他，终于按捺不住自己内心的气愤，猛地一拍桌子，抬脚就把眼前的办公椅踢得老远。情绪失控的他俨然一头发怒的公牛，完全不顾同事们的再三劝阻，硬生生地闯进了老板的办公室。

老板当时正和各部门的主管开会，毛志均不管三七二十一，对老板劈头盖脸就是一顿声色俱厉地指责："我为你做牛做马那么多年，你为什么全当它是一个屁？之前你明明亲口承诺我，只要我办成了这件事儿，你就给我加薪升职，可现在大半个月都过去了，我还是外甥打灯笼——照旧！我看你就是一个不折不扣的伪君子！"

听完他怒气冲天的一番话之后，办公室里的诸位部门主管都面面相觑，悄然无语，集体把视线聚焦到了公司老板的身上。此时，公司老板的脸色已经乌沉沉犹如黑云压顶，只见他不急不缓地从办公桌上拿起了一份文件，扬手一扔，文件笔直地落在了毛志均的脚下。

毛志均将文件捡起来一看，差点没当场昏死过去。你猜文件上写的是什么内容？我要是他的老板，估计会把这份文件直接扣在他的脑门上！文件里头的白纸黑字，写的全是一番对他努力工作的高度赞扬，还有随之而来的奖励——加薪又升职。

结果可想而知，本来很快就可以新官上任的毛志均，提前烧起了三把烈火，活生生地把自己的大好前途烧成了一把灰烬。

其实，只要毛志均肯再静心等候一会，加薪升职的机会就会准确无误地掉进他的碗里。可没想到临门一脚，他竟然这么沉不住气，三言两语就把有心栽培、提拔他的老板给得罪了，真是功亏一篑，得不偿失。

一个公司，谁做得多，谁做得少，谁能干，谁不能干，公司老板其实都看在眼里。许多时候，领导考虑事情往往要从大局出发，他暂时没有安排我们，并不代表他没有看到我们的努力付出。一片绿叶想成就一个金黄色的梦，尚且需要等候两个季节，我们要想在职场待遇优渥，飞黄腾达，自然也免不了一段时间的蛰伏生活。

在成功的道路上，如果我们没有足够的耐心去等待成功，那我们只好用一生的耐心去面对失败。职场上加薪又升职的机会数不胜数，有时候不是机会不肯落到我们的碗里，而是我们自己把碗给移开了，机会只好一头栽在地上，无辜地化为一潭死水。因此，学会蛰伏，等候机会伺机而动是我们的职场必学之课。

莫让功利之心把你变得浮躁

曾经在网上看到过这样一则有趣的小故事。

一位年轻人在河边钓鱼，坐在他旁边的是一位白发苍苍的老人，和年轻人一样，老人也在守望着一根长长的钓竿。时间一分一秒地过去了，年轻人的鱼饵始终"无鱼问津"，这让他感到十分焦躁。看了看身边安之若素的老人，年轻人很惊讶，为什么这位老人家运气那么好，时不时地就能钓到一条条银光闪闪的大鱼呢？

他终于按捺不住内心的好奇，迷惑不解又略带嫉妒地问道："我们在同一条河里钓鱼，您也没有用什么特别的鱼饵，为什么我连一条小鱼仔都钓不到，鱼儿却乐此不疲，纷纷咬上您的鱼饵呢？" 老人听了，微微一笑，一边悠然地捋着白胡子，一边说道："我钓鱼时，只是安静地守候在一边，河里的鱼儿根本就感觉不到我的存在，所以，它们才会毫无后顾之忧地咬我的鱼饵；而你钓鱼时，喜欢时不时地动动鱼竿，唉声叹气，如此心浮气躁的言行举止，只会把前来觅食的鱼儿吓走，这样你当然就钓不到鱼了。"

故事中老人的一番话着实充满了为人处世的哲理，职场成功之道和老人钓鱼之道可以说是有异曲同工之妙。正所谓"欲速则不达"，很多时候，我们之所以失意于职场，完全是因为自己太过于急功近利。要知道，我们一旦被功利之心蒙蔽了双眼，心浮气躁就可能会让我们变得目光短浅，在一些蝇头小利面前，失去理性和判断能力。

055

虽然人们常说，不想当将军的士兵不是好士兵，有梦想固然是一件好事，正如故事中的年轻人想要成功钓上一条大鱼，但是我们绝对不能因为想要早日实现自己的梦想，就盲目地干出"揠苗助长"式的愚蠢之事。

众所周知，心急总是吃不了热豆腐，职场上加薪又升职的美梦也并非一朝一夕就能实现。既然一口吃不成大胖子，我们何不将功利之心暂且搁置一边，然后静下心来，踏踏实实地走好每一步呢？毕竟，工作最终讲究的还是"一分耕耘，一分收获"，急于求成、恨不能一日千里的浮躁心态只会让我们作茧自缚，徒增不必要的烦恼。

朋友周朗最近有点烦，三十而立的他不仅无房、无车、无存款，就连一个可以嘘寒问暖的女朋友也没有，而家里的老人一心只想抱大胖孙子，所以这一阵都催着他赶紧结婚生孩子。

可周朗却觉得，自己什么都没有，又有哪个女人能心甘情愿地和他裸婚呢？面对家里的再三催促，他实在是有点不胜其烦，每次一接到家里的电话，他总是忙着打太极，顾左右而言他。

其实在我看来，周朗今日的困窘局面多是他自己一手造成的。身为朋友，别怪我不给他面子，三十而立的年纪，无房无车，多少可以理解，可是手头上没有一点存款就让人有点难以接受了。

周朗在职场上混了七八年，早已经不是当日的职场菜鸟了，可他却丝毫不改初入职场的那份急于求成的功利之心。对待工作他从来都是只图眼前利益，一点也不会从长远的角度来考虑问题，久而久之，内心的浮躁情绪一日胜过一日，最终让他毫无作为。

一个月前，公司领导决定对他委以重任，派他做代表，去和一个大客户洽谈一桩生意。刚开始，双方还交谈甚欢，等到快要签合同的时候，周朗的言行举止就有点浮躁失控了。

客户一再表示自己要回去考虑考虑，可周朗却觉得现在是签合同的最佳时机，于是死死地拉住客户，不让他离开。面对周朗的死缠烂打，客户显得非常不悦，态度一下子来了一个180度大转弯，最终气愤地拂袖而去。

没想到周朗还是死不悔改，他满心认为，自己如果能顺利地和这位大客户签下合同，公司老板就一定会对他重赏，加薪升职自然不在话下。

于是，他开始对客户进行疯狂的"夺命连环call"，催逼着客户和他签合同。头几个电话，客户碍于脸面，还是对他以礼相待，可随着电话次数的增多，客户实在是忍无可忍，一怒之下就把他拉进了黑名单。

对于工作，我们每一个人都有一番雄心壮志，希望自己在竞争激烈的职场上脱颖而出，成功地走上管理阶层，实现加薪又升职的美梦，这原本就是无可厚非之事。朋友周朗在事业上的美好愿景并没有错，他只是被功利之心冲昏了头脑。急于建功立业的他，忽视了事情的发展总有一个循序渐进的过程，人心的浮躁其实并不能助他早日成功。

身在职场，我们为人处世一定要有长远的眼光，急功近利之心只会让我们沾染上浮躁的情绪，可能从此变得好高骛远，不切实际，近而失去别人的尊重和信赖。若想和急功近利之心分道扬镳，我们最好腾出一些时间和书籍、音乐以及大自然为伴，保持心境的平和，脚踏实地做好手头上的工作。只有这样，我们才能平稳地青云直上，最终笑傲职场。

及时修正职业生涯规划

　　古时候，有一个人想乘车到楚国去，由于他选择了相反的方向又不听从别人的好心劝告，于是越走越远，最后和楚国实在是有点遥不可及。

　　这个故事就是我们所说的"南辕北辙"。放眼职场，我们会发现有些人和故事中的主人公一样，尽管付出了巨大努力，拼命地埋头前行，却始终到达不了让自己魂牵梦萦的那一方沃土。

　　错误已经铸成，抱怨和悔恨并不是解决问题的良方，现在摆在人们面前的有两种选择，一是继续让自己在错误的弯路上越走越远，二是停下匆匆前行的脚步，搞清楚自己想走的方向，懂得止损，及时回头。

　　如果是你，你会做出怎样的选择呢？

　　毫无方向的职业生涯，犹如空中乱飞的弓箭，永远找不到自己的靶心，自然也感受不到在空中穿梭的快乐。三十而立，很多职场老人却感觉自己仍旧没有多大改进，初进公司时的那 立誓要干出一番事业的热血青年，现如今满腔的热血已渐渐冷却。

有一句谚语："对于一只盲目的船来说，所有方向的风都是逆风。"这句话告诉我们，要想获得职业生涯的成功，务必事先给自己安上一个"指南针"。有了方向和目标，我们才知道自己驾驶的事业之船该朝哪个方向前进，而不是毫无目的地在汪洋大海上随波逐流，浑噩度日。

朋友陈星然毕业于一所普通专科学校的会计专业，性格非常内向。在同学的眼里，她就是一个不善言辞、不懂交际的无趣之人。

为了弥补自己的性格缺陷，陈星然在大专毕业之后，并没有从事自己本专业的工作，而是独自背起行囊，离开家乡远赴深圳，做起了化妆品的销售工作。

原本，她想通过销售来增强自己与人交往的勇气，提升自己的人际交往能力，可没想到的是，这份工作非但没有给她带来丝毫的成就感，反而让她常常处于高度负压的焦虑状态，最后身心疲惫，寝食难安。

长此以往，在面对客户的时候，她总是抢占不了主动的位置，每每都被客户牵着鼻子走。如此，她的销售业绩总是没有突破，就连一个新来的业务员都比她出色。受到公司老板批评，再加上本就对这份工作没有多大的兴趣，她于是很快就向公司递交了辞呈。

然而，没有工作的生活总是让人恐慌不安，陈星然急于寻找下一个落脚点。在家人的介绍下，她来到了一所托管托教中心担任辅导老师，这一做就是四年。由于托管托教老师的工作内容比较简单和琐碎，没有很高的技术和能力要求，她的职务和薪水一直没有多大的提升。

摸了摸口袋里的钱包，她真心觉得这份工作并没有多少前途和"钱"途可言。已经到了适婚年龄的她，不得不为自己的将来做些打算，可她又该何去何从呢？宝贵的光阴已经一去不复返，转眼间她已经工作了六七年，而这六七年的时间却并没有带给她多少工作经验。

为此，陈星然感到十分的茫然，她越来越不清楚该如何走好自己的这条职业之路了。当她向我发出"求救"的信号时，我才知道她已经辞掉了辅导老师的工作，再一次成为庞大的求职队伍中的一员。

"星然，有今时今日这样的局面，是你一路走错方向酿下的苦果啊！"省去多余的安慰，我立马单刀直入，道破她困窘现状的病根所在。

陈星然为了弥补自己的性格缺陷，选择了一份自己并不擅长也不喜欢的销售工作，此举无疑是不妥的，想取得良好的业绩太难了。因此，她的第一份工作就是一个错误，然而当她结束这个错误之后，并没有静下心来，根据自己的兴趣爱好及时修正自己的职业生涯规划，而是匆忙地踏进了另一个错误的圈子，盲目地开始了家人为她介绍的第二份工作。

如果说我们的职业生涯是一盘棋局，那么陈星然显然已经下错了两步棋。倘若她能在第一份工作结束之后，花一点时间搞清楚自己的职业方向，那么她必定不会白白浪费接下来的四年时光。

"'亡羊补牢，未为晚也'，情况已经是这个样子了，你不能再为打翻的牛奶哭泣，从现在开始，你应该及时修正自己的职业生涯规划，再也不能病急乱投医了。"人生没有后悔药可吃，面对她过往工作上的诸多遗憾，我只能提出这样的建议，将她的损失降到最低。

她现在要做的，第一，自我评估。客观地分析自己的职业兴趣、价值观、能力等。正所谓，磨刀不误砍柴工，瞄准了靶子再开枪，绝对要比漫天流弹来得更有效率。

第二，职业机会评估。先是通过多种途径，获取目标就业城市、行业、职业、企业的相关资讯，然后再结合自己的情况理性评估职业机会。空有兴趣和理想并不能让我们在自己喜欢的道路上越走越远，唯有仔细审视和考量与自己兴趣有关的整个就业环境，我们才能妥善安放自己事业上的梦想。

　　第三，确定职业目标、路径以及制订行动计划。毕竟一切想法最终都得付诸行动，否则它将是一纸空文，毫无意义可言。

　　第四，反馈修正。根据自我发展、社会变迁以及其他不可预测的因素，主动适应各种变化，及时调整、修正职业生涯规划。虽说条条大路通罗马，但是从来没有一条直路可以通向罗马，适当的反馈修正将会进一步帮助我们走向成功。

　　没有目标的努力，其实跟在黑暗中远征别无二致。对于职场老人而言，最恐怖的事情永远都不是"三十难立"，而是没有确定好明晰可见的职业方向。因此，趁着年华尚未走远，行错方向的人最好赶紧回头，及时修正自己的职业生涯规划。只有这样，我们才有机会在职场上绽放自信迷人的光彩。

第三章

帮助职场
不太擅长人际交往之人

在职场上，很多人属于高IQ 低EQ 群。这些人往往很会做事，却不太懂得如何处理人际关系。有些人严重缺乏亲和力，孤身奋战，殚精竭虑，最终却只能以失败告终。

选择合适的说话方式和内容

身在职场，我们会和形形色色的人打交道，要想成功地获得别人的信任，我们必须注意说话的方式。

如果我们希望建立和谐的人际关系，与人交谈要善于从对方的角度出发，在开口之前，务必先忖度一下对方的身份、地位、性格、爱好以及心理等，然后再据此选择合适的说话方式和内容。

或许有人会觉得这样做有点"两面派"，纯粹的心口不一，十足的伪君子，但是我却并不这么认为。在这个世界上，我们尚且找不出完全相同的两片树叶，又怎么可能找出一模一样的两个人呢？

莎士比亚曾说："一千个观众眼中有一千个哈姆雷特。"此话确实不假，千人千面，人的复杂犹如九曲回廊，一成不变的交流方式根本无法适用于所有人。

因此，只有针对不同的人采取不同的交谈方式，我们才能在职场如鱼得水。

身为公司的人力资源总监，我每天都要和公司各个阶层的人说上一两句场面话，话不在多，能不能一语勾心才是斩获人心的关键所在。

记得有一次，我和公司一帮年轻的姑娘们聊天，刚开始她们还顾着我的年龄和身份，不敢在我面前畅所欲言，直到我热情地向她们推荐了一些化妆品、美食以及衣服等，她们才肯将我纳入她们亲密的同盟之中。

不仅如此，每次和年龄稍大一点的、有小孩的同事在一起，我也会"入乡随俗"，认真地倾听他们的家长里短，时不时还会插上几句有关自家孩子的趣事，供大家取乐嬉笑。

在年长的领导面前，我不仅永远保持着谦卑有礼的姿态，专注地聆听他们的谆谆教诲和建议，还会仔细观察，搜寻他们身上的闪光点，以便在恰当的时间献上最为真诚的赞美。

有一次，公司老板在办公室接待了一位重要客户，刚好这位客户平时喜欢舞文弄墨，于是在一旁打下手的我连忙对客户说："那您不妨欣赏一下墙上这幅书法作品，这可是我们老总最为珍贵的墨宝啊，我们公司的同事没有一个不为之倾倒。"

此话一出，果然勾起了客户的好奇心，他再三打量墙壁上的书法作品，越看越是赞赏有加。

　　这时候，我悄悄看了一下老板的神色，老板嘴角的笑容不小心透露了他内心的真实想法。等客户走后，老板的心情出奇的好。

　　长此以往，在公司老板的眼里，我是最为谦卑的下属；在同事的眼里，我是最易相处的伙伴；在下属的眼里，我又是最具亲和力的上司。而这在很大程度上归功于我能选择合适的说话方式和内容。

　　良言一句三冬暖，恶语伤人六月寒。与人来往，我们总是免不了"说三道四"，一个能根据不同的情况选择合适的说话方式和内容的人总是受到欢迎的，自然也容易在事业上取得成功。

绕开心理陷阱，成为职场达人

职场中陷阱时常出现。最可怕的不是别人给我们下套，而是我们自个儿的"心魔"兴风作浪，它不仅常常化身为加薪升职道路上的拦路虎，还时不时地挑拨我们和公司同事、老板以及客户的关系。

只有绕开心理陷阱，我们才能如愿成为职场达人。三种常见的心理陷阱如下：

第一，不懂偏要装懂。

孔子曾说："知之为知之，不知为不知，是知也。"这句话告诫我们为人处世一定要实事求是，不要不懂装懂，以免养成骄傲浮夸的不良风气。

可放眼职场，我们还是能看见一些自诩为聪明绝顶之人，他们特别喜欢在众人面前卖弄自己的学识、工作能力等，好像在他们的字典里，从来没有"不懂"这个词语。

　　每当人们谈论一件事儿的时候，他们明明对此一无所知，却偏要装作内行，高谈阔论，发表自己的"高见"。而事实上，这些所谓的"高见"并没有太多的价值，有时候甚至给他人的生活造成了不少的损失。

　　朱辉是公司的"百科全书"，不管同事们遇到了什么烦心事儿，只要他得知了，必定会自告奋勇，出谋划策，包揽下同事们的"十万个为什么"。当然，他只负责给出答案，至于答案的可信度，还有待他人的亲身验证。

　　有一次，公司的一帮女同事正扎堆闲聊，其中有一个女孩名叫小雅，她眉头紧蹙，忧心忡忡地说道："我这下巴的痘痘真是野火烧不尽，春风不吹也生啊！可把我给愁死了！"

　　许多女同事都劝她饮食一定要清淡，不要吃太过寒凉的食物，下巴长痘痘一般都是内分泌失调的表现。正当她们聊得起劲的时候，朱辉也不甘寂寞起来，他不以为然地说道："下巴长痘痘有什么好担心的，到药店买一支药膏擦擦，保准你皮肤白嫩如婴儿！"

　　小雅一听，觉得朱辉肯定有过痘痘治愈成功的经历，忙向他虚心请教药膏的名字。看着小雅一脸的感激和急切，朱辉的心理得到了极大的满足，可他确实是不懂装懂，并没有祛痘的经验，所以只好对小雅胡乱指了一个牌子。

不幸的是，小雅自从用了朱辉推荐的药膏后，下巴的痘痘竟然愈演愈烈，连原本洁白无瑕的脸蛋都不能幸免。为此，小雅真是恨透了朱辉的信口雌黄，其他的同事对朱辉也是唯恐避之不及。他在公司完全被大家孤立开来，沦为不被人们信任的"孤家寡人"。

第二，悲观。

职场生活压力重重，每个人都希望从他人身上汲取积极乐观的养分，所以像向日葵一样的职场人士最受大家的欢迎。而对于遇事悲观之人，人们总把他们当成快乐情绪的杀手，想有多远就躲多远。

朋友崔婷，为人多愁善感，充满着悲观的情绪。办公室里和她相处多年的同事，都很少看见她一展笑颜。闲暇的时候，同事们围在一起聊天谈心事，人群中几乎都不见她的身影。

原来，办公室的同事们已经厌倦了她那张常年不变的怨妇脸，再也不想从她的口中听到任何的哀怨绝望之词了。

我倒也能理解同事们的这种抵触情绪，试问，谁愿意成天对着一张哀怨的脸生活？谁又愿意整日听到"我不想活了""生活到底有什么意思"之类的丧气话？

第三，狂妄自大。

很多人都想成为上帝，无所不能，但却厌恶除自己之外，想坐上上帝宝座的人。其他觊觎上帝宝座的人，在人们的眼里，俨然就是狂妄自大之人。

我曾经就遇到过这么一个目中无人、趾高气扬的下属，此人名叫冯云，比我晚几年进公司，到目前为止，我与他共事已将近六年。

在这六年的时间里，他的自信刚开始还感染了不少同事，大家都以为他是一个阳光开朗的大男孩，我也曾一度被他活跃的个性蒙骗。然而，随着彼此接触的时间越来越长，大家渐渐发现，当初那个看似活力无限的大男孩，其实骨子里是一个不折不扣的自大狂。

有一次，公司老板调他来人事部担任我的助理，我欣然接受，也想好好打造他这块资质不错的璞玉。可没想到的是，冯云为人自视甚高，总认为自己是公司百年难遇的奇才，动不动就在同事面前炫耀自己的渊博学识。

同事李强实在是看不下去了，就出言损了他几句，这一下可把他给惹毛了，伸手就狠狠地给了李强一巴掌。这件事闹开之后，我严厉地批评了冯云，指出他的不妥行为，其他的同事也一改以前对他的好印象，纷纷对他爱搭不理，表现得跟查无此人一样。

我们若想成为一个有着超强亲和力的职场达人，一定要努力绕开这些心理陷阱。常言道，一失足成千古恨。我们只有竭尽全力避免那些职场心理陷阱，才不会断送自己宝贵的职业生涯。

谦逊是金，不要总提"当年勇"

朋友孟溪是一家杂志社的编辑，刚进杂志社不久的他最近却老想着换工作，我们都感到十分不解，毕竟他在朋友圈里是出了名的文字狂，按理说，他应该非常中意这家口碑不错的杂志社，怎么还没干几天，就迫不及待地想着跳槽呢？他在工作中是不是遇到了什么困难？

禁不起朋友们的再三追问，孟溪无奈地给我们讲起了发生在他们办公室的一个故事。

原来，就在孟溪到这家杂志社上班的第一天，他就和办公室的一位老记者起了冲突。据办公室的其他同事透露，这位老记者是这家杂志社某位领导的亲戚，此人虽有满腹才华，但却恃才傲物，从来没有正眼瞧过杂志社里的一帮同事。

为了欢迎孟溪的到来，杂志社领导特地安排了一个早会，并让一些老员工上前发言，以表对孟溪的欢迎。本来好好的一件喜事，却被这个骄傲自大的老记者给搞砸了。

这天会议的时间原定于早上八点半，可他却姗姗来迟，让大家在会议室足足等了他半个多小时，最后竟然连一句基本的"对不起"也没有。

更让人恼火的是，等到他上台发言的时候，压根就没有把孟溪放在眼里，任何聊表欢迎和敬意的词语都不曾出现过。相反，他一个劲儿地向大家介绍自己之前发表在权威杂志上的一些稿件和文章，不停地吹嘘自己有多么了不起，拿过多少奖项。

人们常说，好汉不提当年勇。如果按照这个逻辑来判断的话，这位老记者显然不是一个好汉。这次的早会，本来是为了欢迎孟溪这位新同事的加入，最后却变成了他的一场"炫耀过往成绩"的个人秀，任谁听了都会觉得滑稽可笑！

孟溪当时就觉得有点不舒服，会议室的其他同事和领导也频频对那位老记者白眼相送，他们不断示意其结束自己的镀金演说，快点回到这次早会的主题上来。

可他却不管不顾，仍旧当着众人的面，不厌其烦地介绍自己过往的丰功伟绩。朋友孟溪也是一个直肠子，平时就看不惯优越感爆棚之人，这次一碰到完全不懂谦虚为何物的人，不好好地说一番似乎有点说不过去。

就这样，孟溪在会议室大吼了一声"闭嘴"，之后所有人都安静了下来，包括嘴巴微张、意犹未尽的那位老记者。两个人大眼瞪小眼地僵持了一会，随后就开始了一场妙语连珠的唇枪舌剑，孟溪直言那位老记者是一个自大狂，那位老记者反唇相讥孟溪是一个小人物。

故事说到这，后面的发展自然也在意料之中。朋友孟溪叹了一口气，对我们说道："要不是其他的同事拉着我，我早就跟那个自以为是的家伙干起来了！"

我笑了笑，安慰他道："看不惯他的又岂止你一个人，你们杂志社看不惯他的人绝对不在少数，你又何必急着辞职呢？还是再等一段时间吧，我敢打赌，他好景不长！"

在我看来，朋友孟溪根本用不着辞职，一走了之，因为这家杂志社已经架起了许多杆"猎枪"，通通都瞄准了那个"自大狂"老记者。子弹出膛的那一刻，也就是他职场生涯穷途末路的那一天，孟溪只需静候些许时间。

果然，不到一个月的时间，孟溪就突然给我打电话，兴高采烈地对我说："老李，我看你应该挂个牌，取名叫李半仙了！那个不得人心的自大狂，前不久因为得罪了杂志社的领导，只好卷铺盖走人了！"

行走职场，我们每一个人确实都应该尽情地施展自己的才干，努力为公司创造业绩，但这并不意味着我们要随时将自己的能力和才华放在嘴边，把它们当作炫耀的资本。过去的成就和荣誉已经成为往事，我们要向前看。唯有谦虚做人，果断地放下当年的勇事，我们才能在和谐的人际环境中大步向前，再创事业上的辉煌。

与人为善，打小报告者讨人嫌

学生时代，不少人都曾有过跟老师打小报告，或是被其他同学"报告"给老师的经历。当我们回忆起小时候这些往事时，很多人可能会觉得那时打小报告的行为不仅无伤大雅，还带着些许童真。可如今长大成人，混迹于职场的我们对于打小报告者深恶痛绝，敬而远之。

职场上，爱打小报告的人往往是腹黑两面派。他们表里不一，当面一套背后一套，表面上和同事们嘻嘻哈哈，打成一片，一团和气，背地里却悄悄地放冷箭，把同事们的秘密和隐私通过打小报告的方式告诉公司领导。

正所谓："明枪易躲，暗箭难防。"公开的攻击容易应对，暗地里的中伤难以辨别。多年以前，我就曾被爱打小报告的同事伤害过，差点丢掉自己的饭碗。该同事和我同在人事部门工作，当时我俩都是竞争人事主管一职的热门人选，彼此的工作能力不相上下，公司领导为此而发愁，不知该将人事主管一职交到谁的手里。

尽管这位同事是我事业上的竞争对手，可在平时的工作生活中，我对她却没有敌意和偏见。然而，让我万万没想到的是，我和办公室其他同事闲聊时的一句"办公室空调的制冷效果怎么那么差，也是时候该换了吧"竟然成了她在公司领导面前打压我的筹码！

其实，爱打小报告的人，之所以喜欢在领导面前说同事的坏话，无疑是刻意制造人与人之间的矛盾冲突，好让自己"渔翁得利"，成为最终获利的旁观者。

我这位同事正是如此，她深知我是她升职加薪路上的"拦路虎"，为了让她自己能顺利地坐上人事主管的宝座，出此下策，想方设法地抓住我言行举止上的把柄，以便在公司领导面前爆料。

当公司领导把我叫进办公室的时候，我才知道自己随口的一句话竟然有那么大的杀伤力。"小李，听说，你最近总是抱怨办公室的空调不好啊？有这回事吗？"老板的语气似乎不怎么友好，我顿时明白了事情的来龙去脉，虽然内心非常不耻她的告密行径，但是表面上还是保持一如既往的淡定。

"老板，请您容我为自己说上两句。第一，我前两天只是随口说了一句'空调制冷效果不好，也是时候该换了吧'的话，后来并没有重复提及这件事儿。"话音刚落，老板朝我点了点头，示意我继续往下说。

我弯了弯腰表示感激，辞恳意切地说道："第二，一直以来，我都非常感激公司给我提供了这么好的一个平台，让我在人力资源这一块越做越好，所以，这几天我老是想着自己掏腰包，为办公室添一台空调，以表我对您和各位同事的衷心感谢！现在，我已经托朋友帮我物色了一台空调，再过几天，就能在办公室装上了。"

既然她那么爱打小报告，我偏不如她的愿，不让她的小人心理得逞。现在想来，幸亏自己当时反应快，没有在领导面前流露出慌张委屈的神色，反而动之以情，晓之以理，让领导对我刮目相看，视我为既忠心又感恩的好员工！

最后因为这件事，我花了几千块钱给办公室安装了一台新空调，同事们对我的热心之举纷纷表示感激，我也算是因祸得福。至于那位同事呢，办公室的其他同事得知她在领导面前打了我的小报告之后，都把她当作需要一级警戒的"小人"，她逐渐沦为"孤家寡人"。

职场之中，爱打小报告的人之所以总是遭受同事们的孤立和唾弃，就是因为他们让周围的人受到了严重的威胁。

常言道："君子坦荡荡，小人长戚戚。"打小报告者不与人为善，最后必定也会惹人嫌弃，所以最好趁早管住自己的嘴巴，只说该说的话，只做该做的事。平时多挖掘同事们身上的闪光点，别老拿着镜子去照他人的缺点。

行走职场，不妨学学曲线沟通

最近，朋友邓萌跟我说起了发生在她身上的一连串倒霉事：同事跟她口角不断，就连公司的老板也频频给她脸色看。

等她倒完苦水，我早已傻愣在一旁，不知该以何种表情来面对她了。如果这些倒霉的事情是单独发生的也就罢了，可它们偏偏又掺杂在一块同时进行，这不得不让我怀疑问题的始作俑者正是这位跟我抱怨的朋友邓萌。

看她哭得上气不接下气，我实在有些不忍心，连忙从口袋里掏出一块手帕来给她拭泪，"好啦，别哭了，问题爆发出来总比它隐而不发要好一点吧，我们一起想办法把事情给解决了才是最要紧的，对不？"

我一边苦口婆心地安慰她，一边暗自在心里揣测着事情的来龙去脉。凭我多年以来对她的了解，这些麻烦事估计又是她的

"心直口快"惹的祸！

邓萌是家中的独生女，从小父母就把她当作掌心里的宝贝，别说打骂她一下，简直是含在嘴里怕化了，捧在手心怕飞了，疼她疼得不得了。

在这样的家庭环境中成长的邓萌不太懂得察言观色，与人交谈总是喜欢直来直去，所以常常得罪了人还不自知。当别人被她气得一脸铁青，双眼冒火时，她还傻乎乎地杵在原地，一头雾水。

如我所料，问题果然出在她与人沟通时，总是直来直去的说话方式上。

"同事之所以和你吵架，公司领导之所以给你脸色看，一定是因为你对人家说了什么不该说的话吧！"跟她交往了那么多年，我一直劝她为人处世不要太"直"，平时多学学曲线沟通，才能不伤人自尊，不驳人脸面。

如今看她这落魄的样子，估计是没有把我对她的建议放在心上，一只耳朵进，一只耳朵出。

邓萌告诉我，前几天，一位同事撰写了一份稿件，本来想请她帮忙润色一下，没想到她看过之后，觉得稿件中有许多语句读起来极为不通顺。

于是，她当着办公室其他同事的面，直接就对那位同事抛出一句："你这稿子写得真是狗屁不通啊！我怎么帮你改呢？这可连一个初中生的水平都赶不上啊！"

办公室的其他同事听见她这么说，有的立马夺过她手里的稿子，想一睹为快；还有的直接拍桌而起，替那位同事打抱不平，"邓萌，你说话注意点行吗？"

此话一出，那些忙着抢稿子的同事也停了下来，纷纷把矛头对准了邓萌，指责她说话太过直接，口无遮拦，不懂礼貌，将他人的自尊踩在脚下。

邓萌说话不带恶意，所以同事们的集体批斗让她觉得非常委屈，正当她想辩驳时，公司老板突然走进了办公室，厉声询问发生了什么事儿。

他先是看了看红着眼睛的那位同事，紧接着又望了望咬着嘴唇的邓萌，说道："小邓，虽然我不知道你们之间发生了什么事儿，但我相信她绝对是无辜的，八成又是你这张嘴惹了祸吧！"深谙邓萌性格的老板，不问事情的经过，就毫不留情地将她批评了一顿。

老板的这一席话就好比压死骆驼的最后一根稻草，邓萌彻底失控，她口不择言地朝老板吼道："你怎么不说是你管教无方呢？你不问青红皂白就判断是我的错，未免也太不公平了吧！"

这一下可好，她一天就得罪了两拨人，一是自己的同事，二是自己的老板，如此一来，怕是要被大家排斥一段时间了！

其实，她完全可以避免这些倒霉事的发生，同事请她帮忙润色一下稿子，她如果觉得稿子不尽如人意，不妨管好自己的"刀子嘴"，委婉地告诉对方："这个地方如果这样写，会不会更好呢？"

我想，任谁听了这样的话，都会心平气和地采纳她的建议。另外，面对老板的批评，身为下属最好不要以硬碰硬，心直口快地抱怨非但不能解决问题，可能还会让老板和同事对你的嫌恶之感飙升。

在职场行走，我们不能把自己当成心无城府的小孩，以为自己童言无忌。说者无心，听者有意，人与人之间的一些误会和摩擦就是这么来的，所以说话不可太直，与人来往，不妨试试曲线沟通，于迂回的对话中取悦人心。

读懂人心再出手

　　"你为什么就不懂我的心思呢？"这是很多热恋中的情侣经常说的一句话。其实不光情侣间会出现不懂对方心思的问题，在职场上，因为不懂人心而出现的麻烦也不少。

　　我们每个人都不可能时刻知道别人在想什么。但读懂人心又是那么重要，以至于假如我们忽视了这一点，就很可能让自己陷入一种非常艰难的境地。

　　职场中人与人之间的关系不比亲情和友情，很多人都曾经抱怨，职场如同舞台，上面的我们都戴着面具，而这个舞台不属于你也不属于我。一些人为了避免自己的"表演"出差错，就尽可能地让自己表现得"深不可测"一点，而这种"表现"给别人的"解读"带来了很大的困难。

　　还记得刚毕业时，我在一家企业工作，刚进去没多久，就觉得自己的工作能力有了很大的提高，而且也多次受到老总的夸奖。

当时的我并不知道该用什么样的方式去接受别人的夸奖，所以每次老总赞扬我的时候，我都是点点头，笑而不语。

后来有一次，主管突然找到我，对我说了一句莫名其妙的话："再这样下去你在我们部门里的风头都快盖过我了。"说完他还笑了笑。

我当时并不是很理解这句话，以为主管只是在跟我开玩笑而已。但是后来我渐渐发现，主管在工作上经常不给我指示，而且在和我的配合上也出了很大的问题。

最严重的一次，我将做好的一份文件上交给他，他跟我说会转交给老总，但是直到过了几天老总找到我说文件怎么还没送上去时，我才知道麻烦来了。

虽然我很想把实情讲出来，但是又担心主管因此受影响，所以就将这委屈憋在心里。可是后来，这种事情接二连三地出现，已经不是用"憋"能解决了。

直到一次饭局中，我跟一位已经工作多年的前辈说起这件事才明白过来。他说："你真是傻啊，你们主管明显是嫉妒你的能力，害怕你的风头盖过他，将来将他取而代之，所以才处处给你穿小鞋。"

他这么跟我一说，我才恍然大悟，接着问他："那我是碰上个小人了？”

前辈笑着说：“什么小人，下属的风头盖过上级，上级不嫉妒才怪，这是一种很普遍的心理，错就错在你不懂别人的这种心理。”

“那我该怎么办呢？”

“你必须要明白，你是你们主管的下属，所以你最好将你的荣誉与你的主管分享，在工作当中，也不要表现得过于强势，因为没有一个领导是愿意看自己的下级某一天骑在自己头上的。”

听完前辈的这番话，我似乎明白了很多。扪心自问，我的确没有揣摩过主管的心思，所以，碰到那些麻烦我也认了。

在后来的工作当中，我依然尽自己的全力去完成每一个任务，唯一不同的是，在老总夸赞我的工作能力突出时，我会说上一句：“这还不是多亏了主管和同事们的帮助。”在写工作总结报告时，我也会在报告的开头和结尾加上一句感谢。

其实现在想来，这种做法并不违心，主管的确在我的工作过程中给了我很多帮助，只是我忽略了这一点而已，我没有读懂他的心。

这只是我工作生涯中的一段小插曲。其实，对于工作当中"读懂人心"的重要性，我见识了太多太多。

我们经常听人说起"暗语"这个词，其实这暗语的背后正隐藏着别人的心思。一个人想什么不一定代表他就会说什么，很多人喜欢说一些暗语，如果这时候，我们没法揣摩透他们的心思，仓促出手，那很有可能给自己惹来麻烦。

其实不光是"暗语"能够反映人心，我们还应该去了解一些职场人的惯有心态。我的那段经历足以说明，很多上级不喜欢下属的风头盖过自己，这一点心思我们必须要明白。

而从另一个角度来说，同事也不会喜欢一个风光无限的你。如果你只是跟别人能力差不多，但获得的奖励和青睐明显比别人多，那别人可能会嫉妒你。了解了这个心理，我们就应适当地分享自己的奖励，表现得更加谦虚一点。如果你只是一味地全盘照收，一副目中无人的样子，那等待你的很有可能就是"排斥"。

"人生在世，不过一个'情'字而已。"大部分人都有着一些类似的禁忌，比如说，爱面子、重隐私，这些都可算作"人之常情"。

在与同事、上级、客户的交往当中，多把心思放在这些"人之常情"上面，我们触碰雷区的可能性就会小得多。我们不能成为别人肚子里的"蛔虫"，但是最好也不要做别人眼中的"害虫"。在"出手"之前千万不能着急，先把人读懂，这事不就水到渠成了嘛！

087

第四章

练就职场抗压
"金刚身"

　　在职场多年，我们逐渐失去了初入社会时的那份天真，才知道成绩好的人不一定工作好，会做事的人不一定能管事。

高压造就职场 "纸片人"

现在，"纸片人"已经不仅是爱情领域里"为爱消得人憔悴"之人的独有称呼，在当下职场高压之下，神形憔悴的"纸片人"比比皆是。

曾鹏在一家传媒公司从事活动策划的工作，前年就已经步入而立之年的他，现在可真是压力重重。传媒界向来人才济济，已经做了六七年活动策划的曾鹏，虽说现在已经是一位职场老人了，但是俗话说得好，"长江后浪推前浪，前浪死在沙滩上"。面对同事之间的激烈竞争，在众多创意无限的晚辈面前，他渐渐觉得有些吃力。他那脆弱敏感的神经一日比一日绷得紧，仿佛再遇到一点点挫折，他就会被击倒在地。

前几天，他和一群年轻的同事去外地出差。一路上，小伙子和小姑娘们都在谈天说地，好不开心，就他一个人默默地坐在角落。

到达目的地之后，他和年轻的同事们立马展开了手头上的工作，可是在工作进行的过程中，就活动的场地问题，他们之间却产生了不小的分歧。

曾鹏认为自己的活动经验比这群新来不久的同事要丰富，所以理应听从他的指挥和安排，可是这帮"90后"却并不这么想，他们也有自己的主见和想法，即便曾鹏是比他们经验要丰富许多的老前辈，可为了工作着想，他们也不愿意买曾鹏的账。

就这样，双方僵持不下，谁也不肯往后退一步，曾鹏只好给公司老板打电话，征求他的意见。老板经过再三的权衡，最后决定采取这帮年轻人的建议，理由是活动在露天广场举办要比在室内来得更新潮、更有活力和激情。

收到老板的最高指示之后，曾鹏傻愣愣地站了半天，直到身旁的这群年轻人以超强的执行力搭建起活动的舞台，他才从刚才的神游中晃过神来。

为什么会这样呢？老板竟然在这群晚辈面前，硬生生地否决掉他的提议，这让他这张老脸该往哪儿放呢？难道他真的江郎才尽，要被这群比他小十来岁的年轻人取而代之吗？

烈日炎炎，心力交瘁、神经紧绷的他，一下子就陷入了惆怅悲苦的情绪之中，一阵眩晕，直挺挺地倒在了地上。同事们看见他昏倒了，连忙把他送到了医院。经医生诊治，原来他最近压力太大，吃也没吃好，睡也没睡好，导致暂时性休克。

公司领导得知此事后，让他回家好好休息几天，等调整好精神状态再来上班。

其实，我身边不乏曾鹏这样身心饱受煎熬的朋友，他们工作了六七年，现在个个都面临着来自生活和工作的压力。

而我们只有勇敢地面对职场高压，找准问题的根源所在，对症下药，才能将问题逐个击破，最后顺利地度过职业生涯的瓶颈期。"纸片人"的心理素质太过脆弱，行走职场实在是险象环生。唯有在职场高压之下练就"金刚不坏之身"，保持乐观和豁达的心，为自己的内心多注入一些勇气，我们才能永葆事业的青春。

接纳工作中自己的"不完美"

　　生活中，许多人前仆后继地奔走在追求自身完美的崎岖之路
上。现代职场的竞争日益激烈，大部分的职场人士都被压得喘不
过气来，人们深知，找一份好工作并不容易，要想在公司赢得一
方立足之地更是难于上青天。于是，他们秉持着"努力工作，要
做就做到最好"的信念，给自己定下极为苛刻的标准，凡事力求
尽善尽美，几乎没有给自己或是他人留下丝毫可供商量的余地。

　　然而，这样做真的好吗？人或事的发展轨迹真的能每次都在
自己的预期之中吗？我想任谁都没有办法对此做保证，毕竟计划
总是赶不上变化。诚然，对待工作一定要认真、精益求精，这是
职场人士的共识，但在工作中过于追求完美，则会让人产生焦虑
情绪。对于有些人来说，一旦人或事没有按自己的预期发展，情
绪就可能失控，最后不仅让自己变得歇斯底里，身边的人也得跟

着一起受累。

人人都有追求完美的一面，这绝对是人之常情，可凡事总是过犹不及，工作中太过苛己责人只会把自己和他人逼进绝望的深渊，最后除了两败俱伤，实在结不出什么好果子。

人无完人，金无足赤，只有学会接纳工作中自己的"不完美"，我们才能放弃那些不切实际的严苛目标，将自己变成一缕沁人心脾的春风，带给身边人无穷的快乐。在快乐和谐的工作环境中，我们的工作效率势必不同于往日，将得到大大的提升。

心情郁闷时，不妨给自己放个情绪假

众所周知，生病可以请病假，结婚可以请婚假，生孩子还可以请产假，那么当我们心情不好情绪不佳的时候，可不可以给自己请一个情绪假呢？

很多人或许从来都没听过"情绪假"这个词，我刚开始接触到这个词的时候，其实也纳闷了好久。远在重庆工作的朋友丁文隽告诉我，自己前一阵心情非常郁闷，工作起来效率也不高，所以打电话给公司老板，向他请了一天假，没想到老板竟然爽快地答应了。

我当时听了真心觉得不可思议，公司老板竟然会这么通情达理。我看他八成会把她的请假视作旷工一天，然后扣除当日的薪水以及这个月的全勤奖吧。可是，朋友丁文隽却立马否认了我的臆测，她得意扬扬地告诉我，当她向老板询问自己的休假工资以及当月的全勤奖是否被扣时，老板的回答简直让她心花怒放，那就是掷地铿锵的一句："你放心，不会扣！"

"我决定好好地在公司干下去，以回馈老板的温情和贴心。"朋友丁文隽信誓旦旦地对我说道。看她那么高兴，我忍不住感叹，如此人性化的老板和公司，怎能不让手底下的员工誓死效忠呢？朋友丁文隽无疑是一位幸运儿。细细忖度，其实像这样的"情绪假"还真是有存在的必要。人生不如意之事十之八九，我们每个人都会碰上心情糟糕的时候，带着郁闷的情绪上班，工作效率想来也不会好到哪里去，既然这样，还不如干脆就给自己放个情绪假。

人们常说"不要把情绪带到自己的工作中去"，这几乎是人人皆知的职场规则，可是又有哪一个人能真正滴水不漏地做到呢？我们毕竟不是机器，没办法做到机械式地工作，情绪一旦开始兴风作浪，难免会殃及池鱼，最后影响到自己的工作状态。

不仅如此，我们也无法全然地控制住自己的情绪，将内心的不良情绪严严实实地封盖保存。它可能会狡黠地化身为滑溜的泥鳅，逃出我们紧握的掌心，使我们在工作中出错，或让我们和公司的同事、老板、客户发生种种或大或小的冲突。

为了避免这些不好的情况发生，许多公司都纷纷推出了"情绪假"，朋友丁文隽就是"情绪假"的众多受益人之一。其实，在公司老板的眼里，情绪假的推出对于公司的长远发展完全是有百益而无一害。

为什么这么说呢？职场竞争压力太大，许多员工的内心都饱受煎熬，再加上日常生活的一些烦心事，员工们的负面情绪迟早会影响工作的效率。长此以往，必将形成一个恶性循环，降低他们的工作效率，进而给公司的发展带来不利影响。所以，与其让员工在公司白白浪费时间，还不如直截了当地给他们放一个"情绪假"，让他们整理好自己纷乱的心情之后再来上班。

人在疲劳郁闷的时候，任何一件小事都能变成压死骆驼的最后一根稻草。如果我们真的感觉自己背负的压力太大，心情总是处于一片灰暗之中，那么不妨学学我朋友丁文隽的做法，给自己放一两天的"情绪假"，松弛一下脑子里紧绷欲断的神经。

千万不要认为自己可以扛过去，也不要任由自己在负面的情绪中顾影自怜，适时地停下前进的脚步，稍做歇息，日后才有气力跋涉完这漫漫长路。再好的机器也要做定期的维修和保养，何况是活生生的血肉之躯呢？

偶尔给自己放个"情绪假"，让自己从繁忙的工作中抽离出来，我们会发现世界很大，人不应该终日活在逼仄和压抑的情绪中。享受假期的时候，我们可以好好地睡一觉，从天亮睡到天黑也不会有闹钟嘀嘀地叫赶着你上班。除此之外，我们还可以一个人独自去郊外散散步，呼吸一下新鲜的空气，闻一闻泥土的芬芳，让温暖的阳光洒向身上的每一寸肌肤。

　　可以舒展郁闷心情的事数不胜数，关键在于我们愿不愿意给自己一个机会，去调整内心的悲摧情绪。不管所在的公司有没有为我们量身打造一个情绪假期，我们都可以想方设法地为自己放一两天的情绪假。在我看来，用一两天的短暂时间去换回自己本来数天的开心快乐和积极向上，这笔账实在是怎么算怎么划算，长远来说，一点也不亏本。

　　我们还等什么呢？如果现在感觉自己的心情糟糕到了极点，不妨就"任性"一回，大胆地给自己放个情绪假，努力地汲取正能量。

把拥有超强执行力当作自己的一个追求

现实中的我们，有时可能由于没有把老板的话认真地放在心上，而断送了自己的锦绣前程。每一位处于公司管理层的老板或者上司都希望令出必行。

所谓"执行力"其实也是一种能力，作为一名从事人力资源工作多年的HR，我在招聘员工的时候总是将执行力看作一个非常重要的衡量指标。在我看来，身为一名员工，能不能按质按量地完成手头上的工作往往决定着一个人的工作效率。一个拥有高执行力的员工，其工作效率一般优于他人。

同事谭天豪正是拥有超强执行力的人。几年前，我在面试他时，就曾被他言行举止中透露出来的那份果敢和迅速深深打动。

犹记得，我当时要求他在三天之内撰写出一份5000字的文字稿件，他收到通知之后，立马就回去做了精心的准备。原本以为他会在第三天交给我这份稿件，没想到第二天下午，他就将稿件稳妥地交到了我的手上。当时我心想，他完成稿件的速度确实还行，但是写出来的东西也未必就是精品。

然而，再次让我吃惊的是，他撰写出来的稿件确实文采飞扬，幽默感十足，应该搜罗了不少的资料，花费了较多的心血。看着他红通通的双眼，我顿时觉得这个外表看起来略显青涩的男生，骨子里其实镌刻着果敢和迅速的品质。

事实证明我的眼光是正确的，这些年来，谭天豪优秀的工作表现的确让人佩服。他从企划部一个小小的文字编辑做起，不到五年的时间，就到了企划部部长的职位，这在人才济济、竞争激烈的公司里并不是一件特别容易的事。

公司的高层领导一提到他，总是赞不绝口，尤其是他超强的执行力，一次又一次地赢得了公司老板的肯定。作为企划部部长，他原本可以不用亲自操刀诸位高层领导的演讲稿，但是他每次还是主动请缨，最后要么自己独立完成，要么协助属下润色好稿子。直到现在，他经手过的任何文字稿件都没有出过差错，这不得不让人惊叹。

那么，如何在工作中提升自己的执行力呢？

首先，我们一定要增强自己的责任意识和进取心。因为它们是做好一切工作的首要前提，缺少它们，我们可能会像个懒鬼一样站在原地不动，最终无所作为。

其次，一定要"快"。像我同事谭天豪一样，只争朝夕，提高自己的工作效率，坚决杜绝办事拖沓的恶习，尽快完成好自己当日的工作。

最后，必须脚踏实地，在追求工作速度的同时，保证好工作的质量。因为在公司领导的眼里，一件事情要是没有办成功，我们就算有再多的苦劳最终也可能是一场徒劳。

我们要有执行力，这样公司高层领导的决策才能转化成具体可观的经济效益，而我们想要加薪升职的梦想也才能实现。

学学孔雀开屏，把握表现自己的机会

在职场上，如果我们总是默默无闻，那么可能最后不仅没有办法在赛场上和同事们一决胜负，甚至就连站在起跑线上的资格都没有。

我说这话并不是在夸大其词，因为我们的老板，每日都要操持公司里面许多事务，很少有多余的心思来倾听每一位员工的心声。我们要想在工作中脱颖而出，就必须把握住表现自己的机会，像孔雀那样，适时地张开自己绚丽多彩的尾屏，展现出美丽动人的一面。

在平常的工作生活中，抓住机会主动表现自己才能在众人面前秀出我们的"斤两"，让大伙儿知道我们的真实实力，从而为自己赢得更多的发展机会。否则，即便我们拥有再好的才华，再强的实力，最后也可能陷入怀才不遇的哀怨之中。

朋友杨琪琪在一家公司担任室内设计师，酷爱室内设计的她总能从自己的工作中找到满满的快乐。为了得到公司领导的认可，她工作一直非常努力。每次我找她出去吃晚饭，电话刚刚接通，从她那充满疲惫的沙哑声中，我就明白她还在为自己的设计方案冥思苦想。

可她这样劳心劳力地工作却很少换回老板的额外奖赏。原因究竟是出在哪里呢？在同事们的眼里，杨琪琪是一个非常内向的人，她并不善于把握表现自己的机会。

有一次，我好奇地问她："别的同事比你少干那么多活儿，却还一个劲儿地在老板跟前邀功请赏，你为什么就不愿意在公司老板的面前，主动显露一下自己的满腹才干呢？"

面对我的不解，杨琪琪却给了我一个意料之外的答案："我真的看不惯有些同事在公司领导面前刻意表现自己的行为，这实在是太做作了。工作比拼的是一个人的实力，而不是作秀的能力，我也不屑这么做！"

做作？难怪他们公司设计部制作出来的每一个优秀的设计方案，老板总会认为这是公司整个设计团队齐心合力的成果，很少注意到杨琪琪这位团队的灵魂设计师所起到的关键作用。大家想想，如果杨琪琪本人都不愿意在老板面前邀点功劳，设计部的其他同事又有谁愿意，操那份闲心向老板说出真实的情况呢？

很多职场老人，于悄无声息中为自己所在的公司创造了不少的业绩，可最后却没能得到与自己的业绩相当的薪资待遇，我想问题大概就出在他们没有把握住"孔雀开屏"的机会吧。

朋友杨琪琪认为在领导面前表现自己是一种做作的行为，这种想法未免有些迂腐和古板。威廉·温特尔曾说："自我表现是人类天性中最重要的因素。"职场老人不应将这种积极主动表现自我的行为视为作秀，人的一生不一定要一直充当台下的观众，有时要大胆地走上舞台，向人们展示自己的工作实力。

职场上，公司领导之所以喜欢一个善于把握机会表现自我的人，不仅是因为这些人看似与众不同的言行举止成功地吸引了他的眼球，而且还因为这些人身上潜藏着超强的变通能力和沟通能力。至于那些不善言辞，不爱表现的员工，对于人际关系的处理其实并不拿手，这一点有些不利于公司内部的稳定、和谐和团结。

第五章

职场上
缺失的"防身术"

在职场努力拼搏数年，好不容易才争得一席之地，却眼看着新秀大军中人才不断涌现，自己的可替代性似乎越来越高，先前的优越条件可能逐渐减少。我们要想让自己在职场上安全，就还得练就一身职场"防身术"。

用经验制造不朽的护身符

职场就像一个大舞台，每一个人都是舞台上的主角，虽然各有各的故事情节，但最终的目的只有一个，那就是拿到事业成功的毕业证书。在这期间，大大小小的输赢成败其实并不算什么，能笑到最后的人才是职场上最大的赢家。

让人颇为感叹的是，每一位职场人士都曾有过的宝贵的挫折经历却并没有让所有人都茁壮成长起来。有些人善于总结和积累职场经验，最后用丰富的经验为自己的职业生涯制造了一个不朽的护身符；而有些人却容易被一时的不顺心击垮，一味地抱怨自己的时运不济，不懂得从中总结深刻的教训，久而久之，前途自然是更加无望了。

大学毕业之后，齐晗景在一家上市公司担任办公室助理一职。对于这份工作，她并不是十分满意，职位普普通通，薪水更是寥寥无几。

然而，一度萌生辞职念头的她，总会在最后一刻将自己拉回到日复一日的工作中来。因为理智告诉她，不能随便跳槽，万一辞职之后找不到合适的工作，自己可真的要流落街头，张着嘴巴喝西北风了。

就这样，工作已经整整三年的她，至今还是觉得应该在现在的岗位上多奋斗几年。毕竟这年头，要是没有足够的工作经验，想获得一份美差实在太难。

没过多久，公司行政部的主管突发疾病离世了，行政部顿时群龙无首。于是，公司领导想从行政部提拔一个合适的人继任行政主管一职。人事部的内聘信息一经公告，行政部一下子就炸开了锅，齐晗景和其他同事一样跃跃欲试，都想拿下这个职位。

齐晗景原本以为自己能够当选，毕竟在这个部门自己可以算是资历最深的老员工之一了。可最后的结果却让她异常气愤，行政主管一职竟然落到了一个比她晚一年进公司的小辈林梦头上。这是什么道理？按理说自己的经验要比林梦丰富，公司领导究竟是凭哪点把她给否定了，偏偏要提拔林梦担任行政主管一职呢？

昔日的小辈，摇身一变，竟然成了自己的顶头上司，齐晗景真是百思不得其解。当她怒气冲冲地找到人事部，执意要问出个结果时，人事部的一位老员工笑着跟她分析了原因：她的工作年龄虽然要比林梦长，但是林梦的工作经验不见得就比她少。在这短短两年的时间里，林梦经常和公司老板保持着密切的交流，工作上一旦有什么麻烦事，她总是主动请缨，从不逃避问题。不仅如此，林梦还经常利用业余时间学习行政管理以及财务方面的知识，对待公司的同事也是热心友善，从不无缘无故地给人脸色看……

听到这，齐晗景顿时哑口无言，自己的工作表现还真是赶不上林梦。虽然她比林梦多在公司混了一年，但最终学到手的工作经验却不如林梦丰厚，至今她还没和公司老板说上过几句话，也没有给自己充电增添一些知识，至于公司的其他同事，她能叫准名字的尚且没有几个，更何况跟他们保持一种亲密的关系呢？

正所谓"亡羊补牢，未为晚也"，经历了这一次沉重的打击，齐晗景比以往更加意识到了工作经验的重要性。

过往的她总是傻乎乎地认为，只要自己在公司里多混个几年，日后跳槽就一定能换一份好工作。直到现在，她才恍然大悟，原来自己每天在公司得过且过，最后只会庸庸碌碌、无所进益，唯有用心工作、不断学习、与公司的领导同事打好关系，才能积累更多有用的工作经验，飞速成长。

痛定思痛，齐晗景整理好挫败的心情，决定改变自己以往敷衍了事的工作态度，让自己焕然一新。此后，同事们对她的转变都惊叹不已，就连公司的老总也对她颇为注意，现在公司又多了一名工作热情、积极上进、待人友善的好员工。

两年下来，齐晗景简直是脱胎换骨，成了一名果敢干练的职场精英，再也不复之前的浮躁和稚嫩。

公司领导甚至觉得让她担任行政主管一职完全是大材小用，最后直接提拔她担任自己的秘书，统领整个行政部。

毫无疑问，齐晗景在她自己的职场舞台上上演了一出精彩大戏。她并没有被偶尔的挫折击败，而是积极乐观地从中汲取宝贵的经验，将它们视为在职场拼杀的绝佳武器。

而她之所以有今日的辉煌成就，离不开她用丰厚的经验制成的在职场行走的护身符。我觉得这种做法值得每一位职场人士去借鉴和学习。

职场不能只争一时之气

　　一直以来，我都特别欣赏美国前总统林肯，他宣布废除黑奴制的伟大创举让人敬佩不已。有一次朋友还曾对我说起一件发生在林肯总统身上的有趣事，今天在这儿不妨跟大家分享一下。

　　据说，有一天，林肯总统指派某人为收税经纪人时，有几位议员代表对此感到非常不满，他们集体对林肯总统提出抗议。

　　带头抗议的一名议员不仅长得人高马大，脾气更是暴躁得厉害，他愤怒地指责林肯总统用人失误，指责的话里还时不时地夹杂着一些侮辱性的词汇。

　　这时，林肯总统充分地展现了他超强的情绪自控能力。他一言不发地站在一旁，任由这位议员滔滔不绝地尽情地发泄自己内心的愤怒。

　　等到议员安静下来后，他才心平气和地说道："现在你觉得舒服点了吗？照你刚才讲话的那种水平，真的是没有资格了解我指派某人为收税经纪人的原因，不过我还是乐意告诉你。"

话音刚落，那位议员的脸一下子就红得跟猴屁股一样，最后，他就刚才自己的失态之举诚恳地向林肯总统表示歉意。

正所谓："知错能改，善莫大焉。"

林肯最终也就"总统"不计"议员"过，反而面带微笑地安慰他："不管是什么人，如果他不了解事情的真相，容易失去理智也是人之常情。"紧接着，林肯总统向他详细地解释了自己这次指派某人的个中缘由。

在平时的工作、生活中，我们有时可能会听到或是说出这样的狠话："人不犯我，我不犯人；人若犯我，我必犯人。"有时候面对他人的刻意挑衅和无意冒犯，我们做不到冷静温和，以柔克刚，往往是怒气一上脑，就恨不得和别人拼个你死我活，认为最后大不了弄个鱼死网破？

其实，这种争一时之气的做法并不可取。林肯总统的故事告诉我们，即便对方在我们面前表现出无比粗暴的态度，我们也完全不必以暴制暴，以怒制怒。

解决问题的方法从来都是多种多样的，而让自己的情绪失控则是最为愚笨的一种，倘若林肯总统也反唇相讥，对这位议员破口大骂，我想当时的场面一定会变得更加火爆，两人之间的矛盾也将进一步升级。到头来，可能问题非但没有得到解决，林肯总统的形象还会遭到破坏。而面对争执，林肯总统冷静淡定地回应产生的效果就完全不一样了，他一下子就扭转了整个局势，使得这位先声夺人的议员瞬间处于被动的状态。

我想，一个人的胸襟有多大，那么他在职场上取得的成就就有多大。与其和别人争一时之气，还不如保存精力和实力，为来日的千秋而争。忍一时风平浪静，退一步海阔天空，时时刻刻保持冷静、温和、优雅以及淡定的姿态，再凶恶的敌人也会在我们面前败下阵来！

工作要"扫门前雪"，还得兼顾"他人瓦上霜"

朋友闫清墨最近常在我面前哭诉，说自己的老公一点也不中用，三十好几的人，现在都还只是一个普普通通的小职员，每个月拿着3000块的死工资，根本无法成为家庭经济支柱。

虽然我并不赞同女人当着朋友的面说自己的老公不中用，但是说实话，我也觉得三十好几的男人实在不应该每个月只拿这么一点微薄的薪水，好歹闫清墨的老公黄昊也是一位名牌大学毕业的高才生。

"我记得你前年不是说他换了一份比较好的工作吗？怎么现在还只拿3000块的薪水呢？"如果我没记错的话，到目前为止，黄昊应该已经换过两三份工作，其实也算有好多年的工作经验了，按理说，薪资待遇不至于那么差啊？

闫清墨一听，抬起一直低垂着的头，尖着嗓子说："可不是嘛，好不容易换了一份好一点的工作，可他还是没有上进心。好多同事都说他懒，平时只管把自己的那些分内工作做好，其他的一概不管，也不懂得抢着帮老板干些活儿，给老板留个好印象。"

有些人认为，行走职场只要把老板交代给自己的分内工作做好就行了，所以有时我们会听到这样的话："这不是我的工作，我没必要管！""现在是午休时间，请你两点钟再来好吗？""我现在太忙了，实在没办法帮你。"……可是作为一名优秀的员工，仅仅把自家门前的雪扫干净是远远不够的，平时也要多看看他人的瓦上面是不是也有霜需要清理。

有时候，能不能超出老板对我们的期望，主动揽下一些分外工作，让老板偶尔也赚个小便宜，将影响我们在老板心目中的分量和位置。

黄昊之所以七八年如一日，归根结底还是他对待工作的态度太过于被动，不够积极进取，更谈不上未雨绸缪。而这样的员工在老板的眼里只能勉强算是及格。

其实，要想从大批的竞争对手中脱颖而出，获得老板的青睐，我们现在就必须转变只扫自家门前雪的狭隘观念，每天都应该坚持为自己所在公司的老板、同事或是客户做一些力所能及之事。终有一天，他们会看到我们身上这种积极主动的服务精神，从而发自内心地想要给予我们更为广阔的职业发展平台，以及更多加薪升职的好机会。

在这一方面，我远在美国工作的朋友司马若言就做得特别好。

司马若言在美国一家律师事务所担任律师助理。有一天中午，办公室的同事们都出去吃午餐了，身体有些不舒服的她一个人趴在桌子上休息。这时，公司的一个董事在经过他们办公室的时候停了下来，他想找一些特别重要的客户资料。

这原本不是司马若言的分内工作，也不在她的工作时间范围内，但她却立马站了起来，毕恭毕敬地对这位董事说道："您好，吉米刚才出去吃饭了，您是想找些资料吗？虽然我一无所知，不过您可以告诉我您需要哪些资料，稍后我会尽快把这些资料整理好放到您的办公室里。"一番热情洋溢的话让这位董事先是愣了愣，然后微笑着点了点头。

没用多久，司马若言就强忍着身体的不适，细致认真地将这位董事想要的客户资料全部分类整理好，飞速稳妥地送到了他的办公室。在接到自己想找的客户资料后，这位董事显得特别高兴，连连对司马若言说了好几声"谢谢"，并从此认识了具有服务精神的司马若言。

比起黄昊庸碌无为的职场经历，司马若言的人生际遇可要精彩多了，这件事儿过去不到一个月，她就被提升为这位董事的私人助理，薪水顿时翻了好几番。当我问起她第二次见到这位董事说了些什么感激的话时，她表示自己高兴得快要说不出话来了，还是这位董事首先开的腔："司马小姐，你的无私帮助曾让我受宠若惊，这一次我只不过是投桃报李罢了。"

　　人生就是那么奇妙，很多职场老人在自己的工作岗位上兢兢业业，努力把自己职责范围内的一切工作处理得有条不紊，可最后可能不仅赶不上加薪又升职的好事，就连老板口头上简简单单的一句赞赏也没有捞着。而有的人呢，除了自己的分内工作，对自己的分外工作也稍稍地使上了一把力，不但获得了公司老板的重视和认同，还赢得了一方施展自己才干的舞台。

　　做好自己的分内工作只是我们每一个人的职责所在，这并不值得任何人对我们提出特别表扬，而时不时地揽下不属于自己的活儿，在别人的眼里却是一种难能可贵的品质，值得他人对我们另眼相看，真诚相待。所以，我们已经把自家门前的雪扫得干干净净后，如果还有多余的时间，不妨也主动帮他人清理一下瓦上的霜。

坚持拓展和维系人脉的习惯

斯坦福研究中心曾经发表过一份调查报告，在这份报告中，我们发现了一个惊人的事实，那就是：一个人赚的钱，有12.5%来自知识，剩下的87.5%来自关系。

通过这两个相差悬殊的数据，我们应该能深刻地体会到"在家靠父母，出门靠朋友"这句俗语的内在含义。

所谓的人脉资源，并不是传统意义上的"走后门"，它绝对不带有任何的贬义色彩。身边的朋友多了，我们脚下的路才好走，这是众所周知之事，又有谁能够拍着胸脯说自己不需要朋友呢？

打个比方，我们若是一个"月光族"，经济拮据时不好意思开口向家里要钱，这个时候能够为我们雪中送炭的就可能是朋友。如果我们想要换一份薪资待遇更好一点的工作，此时过往结识的朋友说不定还能从中牵线，为我们介绍一个好东家。

可以毫不夸张地说一句，我们生活的方方面面都离不开人脉资源。人们常说："一个人能否成功，不在于你知道什么，而在于你认识谁。"这句话显然是斯坦福研究中心发表的那份报告的最佳注脚，我们要想在职场顺风又顺水地生存和发展下去，还得花点时间培养一下自己拓展和维系人脉的好习惯。

经营人脉资源其实就跟经营自己的事业一样，极其需要我们的主动出击，如果我们总是站在原地兜着圈子，贵人永远不会像兔子一样撞到我们眼前的木桩上。学会拓展人脉，养成结识各路朋友的好习惯，培养自己的人际交往能力，会是我们事业有成的一个坚实支柱。

刘旺在一家银行担任业务员，每天都和客户打交道的他，深知人脉对一个人事业发展的重要性。于是，他每个月都会拿出工资的三分之一用于人情往来的开销。

当身边的同事和朋友一下班就钻回自己的小窝"修养生息"时，他却还忙得跟陀螺一样，请他认为非常重要的客户或是老板吃饭、唱歌或是喝茶。

客户和老板都非常喜欢刘旺的大方、爽快和真诚，久而久之都对他有了非常良好且深刻的印象。因此，有什么高端大气上档次的聚会，他们有时也会把刘旺给叫上，帮他介绍商界以及政界的一些名流人士。经过一番交流，刘旺成功地将一些大人物转变成了自己的重要客户，为自己的业绩增添了不少的光彩。

几年下来，刘旺的人脉越来越广，业绩一次又一次地占据了公司的头榜。公司老板还特地在员工表彰大会上，宣布提升他为部门的经理，并且号召所有的业务员向他看齐。

美国大亨洛克菲勒曾说："与人相处的能力，如果能像糖和咖啡一样可以买得到的话，我会为这种能力多付一些钱。"交朋友从来都是一门大学问，拓展人脉资源亦是一项巨大的工程。如果我们不勇敢地走出去，努力结实朋友，增加人与人之间的交流，那么迟早会和这个时代脱节。

我们只有坚持拓展和维系自己的人脉，努力结识一些朋友，并和他们保持密切的联系，才能眼观六路耳听八方，共享更为丰富的资源，顺利地将自己的事业进行到底。

随时留意外界的机会

　　前两天，在国企工作的大学同学郭贞邀请我们这一大群人去她家做客。一向有"懒猫"称呼的她，十指从来不沾阳春水，这次竟然亲自为我们下厨，真是让人大吃一惊。

　　"郭贞，你老公怎么肯让你下厨做饭呢？你以前可从来没对我们这么'贤惠'过啊，是不是买彩票中大奖了啊？"我当着一大帮大学同学的面，语气轻快地调侃她。

　　郭贞笑了笑，并没有把我的打趣放在心上，说道："我要是中了五百万元，早就请你们这帮老同学去五星级大酒店胡吃海喝一顿了，用得着自个儿在这破厨房里忙进忙出吗？"

　　尽管她否认了我的猜测，但我还是坚信她一定遇着了什么喜事，不然不会突然摇身一变成了一个勤快的"田螺姑娘"，想着为我们做这么一桌子的美味佳肴。

　　果然，饭后，还没等我们"严刑逼供"，郭贞就立马"坦白从宽"，原来，几天前她从工作了好多年的国企辞职了。

　　郭贞爆出这个消息之后，我们都感到非常的惊讶，国企福利待遇那么好，许多人拼死拼活都想挤进去，她怎么就舍得丢掉这个铁饭碗呢？

　　郭贞对我们说，她虽然已经在国企干了很多年，现在的事业确实有了一定的基础，赚的钱也不是不够养家糊口，只是她觉得这种看似稳定又清闲的工作让她渐渐丧失了对生活的激情，事业上也始终没有得到她想要的突破。既然这样，她还不如辞职，早日脱离苦海。

　　当她说完这些话后，有些同学还是有点替她感到可惜，毕竟国企非常看重一个人的工作年龄，她就这么轻而易举地放弃，日后要是想在别的行业另谋一职估计又得从头开始了。

　　似乎已经预料到大家会为她担忧，郭贞得意扬扬地说道："我又不是傻子，在辞职之前，我早就开始留心外界的工作机会。闲暇时候，我总是在关注网上的招聘信息，如果有觉得比较合适的工作机会，我可从来没有错过联系招聘单位了解详细的信息。除此之外，我还经常向身边的朋友打听，再三叮嘱他们一有什么好的职位，就赶紧跟我联系。"

　　听了郭贞的一席话，我们顿时恍然大悟，原来她早就在计划给自己找退路了，难怪辞职了心情还这么好，想着给我们做好吃的。如此看来，我们根本就是瞎操心，她现在一定已经找到了一份让她满意的好工作。

"赶紧跟大伙儿说说，你现在跳槽高就到哪儿去了？"面对大伙儿的急切追问，郭贞终于为我们揭开了她下一份工作的神秘面纱，"我朋友最近开了一家新公司，他为我提供了优渥的薪水，希望我能过去和他一起打拼江山。这份工作虽然不如国企轻松，但很有挑战性，我现在真是跃跃欲试，渴望干出一番让自己都觉得骄傲的事业。"

其实，郭贞的话让我备受启发，在职场浮沉数载，我也见过不少像郭贞这样的职场老人在日复一日的工作中变得麻木消沉。工作"七年之痒"带给人的冲击实在是太大，事业不断遭遇瓶颈，得不到实质性的突破，年轻时的工作热情也随着时间的流逝一去不复返。职场上的后起之秀又频频来袭，公司领导都把这群学历更高、工作又积极的年轻人当作重点培养对象，屡屡为他们提供优越的发展平台。

但身在如此窘境中的职场老人，大部分都不敢离开现有岗位，因为从头开始并不是一件特别容易的事儿，跳槽高就似乎无门可投。但是大学同学郭贞的经历告诉我们，只要不放弃，坚持随时留意外界的工作机会，我们就有可能摆脱工作上的"七年之痒"。

毕竟长痛不如短痛，如果当下的工作确实再也没有办法满足我们，我们就应该学学郭贞的做法，留意和搜寻不远处的机会，做一个时刻准备抓住机会的智者。我们要明白一点，机会不会无缘无故地从天而降，刚好落在我们的碗里，只有主动出击，细心留意，我们才能最先抓住机会。

因此，奉劝所有在现有岗位上挣扎痛苦的职场老人们，努力让自己从麻木的状态中走出来吧，不断地留意外界的机会，一旦有适合自己的工作，我们就要勇敢地抓住，然后尽情地享受工作。

学会职场生存技巧

有一本书名叫《杜拉拉升职记》，它被誉为中国白领必读的职场修炼小说。故事的主人公杜拉拉，是一个姿色中等、受过良好的教育、没有特殊身份背景的女孩。她通过自己的不懈奋斗，克服了职场上的重重困难，最后终于成长为一名企业的高管。

就这么一个看起来普普通通的平凡角色，却有着超强的魅力，许多在职场摸爬滚打数年的老人，几乎都能从杜拉拉的身上找到共鸣之处。

不可否认，职场是一个让人又爱又恨的地方，一些人费尽心力在里面不断打拼，到头来可能只换得满身伤痕。因此，如何像杜拉拉一样，学会职场生存技巧，已经逐渐成为很多职场老人心头的一件大事。

那么，我们究竟应该掌握哪些生存之道呢？

第一，工作上与上司保持一致。

镜头回放：到了广州之后，刚升职为广州办行政主管的杜拉拉发现自己始终与顶头上司玫瑰相处不好，每次都会因为沟通不良导致彼此间发生矛盾，经常出现"结果一报上去，玫瑰骂人的电话又到了"的情况。最后，搞得杜拉拉不明白什么该做，什么又不该做，什么该事先上报，什么又该放手去做，反正不管怎么做就是不合玫瑰的心意。

应对妙招：每个人都有着自己的工作方式，身为下属，我们大多数时候要主动去配合上司，不能要求上司来配合我们。

杜拉拉正是意识到了这一点，才下定决心认真地研究一下玫瑰想要一手揽住的事务。

如此，她终于明白哪些事情需要向玫瑰事先请示，并且务必要完全按照她的意思去执行；哪些事情是玫瑰丝毫不放在心上的小事，她就可以大胆去处理；哪些事情是玫瑰想自己亲力亲为的，她就只在一旁出谋划策，提供一些善意的、有建设性的意见，以便玫瑰做决定时参考备用。久而久之，杜拉拉处理工作的方向和步调基本和玫瑰保持一致，很少被责骂了。

第二，不卑不亢展现强者姿态。

镜头回放：有一次，杜拉拉负责安排和协调公司各部门搬家的大小事宜。而销售部的职员因为要和公司的一个大客户打一场遭遇战，所以都不愿意腾出时间打包自己的行李。

面对杜拉拉的好言相劝，他们丝毫不领情，甚至还撂下狠话："我们打包，要你们行政干吗吃的？我们销售都搬家来了，您老人家来给公司挣钱去呀？"

此时，杜拉拉并没有一味地妥协和示弱，而是义正辞严地说道："今天的搬家是统一行动，你的部门再伟大也不能影响其他人……我给你们半个小时的时间，如果半个小时之后，还是打不好包的话，这些东西都会变成垃圾被清走！"如此不卑不亢的一席话，合情合理，成功地让销售部配合了她的工作。

应对妙招：不管我们从事什么样的工作，既不能盛气凌人地对待身边的同事，也不能总是懦弱地处于下风，最好的姿态应当像故事中杜拉拉处理矛盾时的不卑不亢。

行走职场，我们要想获得他人的尊重，就必须适时地显露自己，展现我们的强者姿态。

第三，对待"小人"善用计谋。

镜头回放：公司老板非常欣赏杜拉拉，准备提拔她当行政经理。此时，备受威胁的上级玫瑰决定暗中给杜拉拉穿小鞋。她命令下属监视杜拉拉的行动，还把杜拉拉的报销单一条一条地仔细核对，最后举报杜拉拉收受回扣。

后来，因为此事遭受同事的非议和上级的不信任的杜拉拉，在得知是玫瑰在背后搞鬼之后，她立马就对上级建议，要求内部审计玫瑰所在部门的硬件投入。

玫瑰完全没有料到杜拉拉还有这一招，心里有鬼的她这一下可乱了阵脚。她连忙谎称自己的流产后遗症发作，需要去新加坡调养身体，就此向公司申请离职。

应对妙招：职场之上，如果有人愿意利用我们，说明我们还有可被利用的价值。同理，如果有人打压陷害我们，说明我们的存在给他造成了一定的威胁，这也是对我们自身能力的一种肯定。

因此，面对职场小人在背后放冷箭的卑劣行径，我们首先要做好自我心理建设，万万不可被怒火冲昏了头脑，最好是巧用计谋，随机应变，以其人之道还治其人之身，在证明自己清白的同时，让那些职场小人"偷鸡不成蚀把米"。

总而言之，愚笨之人总是喜欢为自己的失败找借口，而聪明之人却懂得为自己的成功找方法，杜拉拉无疑属于后者。没有人一生下来就注定失败，职场老人应当学习一下杜拉拉的职场生存经验，结合自身的实际情况，汲取其中的精华，为自己的不断前进增添力量。

第六章

消除职场倦怠，
拒做“睡美人”

　　随着社会分工的细化，很多职场人因工作内容的相对单一而产生了"职业倦怠"。它会让你情绪低落，精神萎靡，失去工作激情，进入职业"休眠期"。想拯救这样的自己，就要唤醒情绪，拒做职场"睡美人"。

职场倦怠让你"沉睡"

一些在职场打拼多年的人有这样的经历：下班后回到家里，忙东忙西忙到大晚上都不肯上床去休息，不是因为精力旺盛，而是不想那么快将一天结束，第二天起来继续面对枯燥的工作；第二天早上起床的时候，闹钟响了好多遍，却始终懒懒地不肯起床上班；工作的时候情绪莫名地低落，不愿意和同事、老板交流……

如果这种情况只是偶尔发生个一两次，我们完全没有必要将它放在心上。但当我们越来越频繁地发现自己对当下的工作缺少热情和兴趣时，就得拉响警报了，我们八成是感染上了一种名叫"职场倦怠"的情绪"病毒"。此"病毒"虽然不会对我们产生"一剑封喉"式的致命效果，但它会于无声无息中吸走我们身上的精气神儿，让我们陷入昏天黑地的"沉睡"里。

134

朋友吕言一在一家公司担任销售助理，她刚开始参加工作的那一会儿，感觉自己每天都像在度蜜月，时时刻刻都充满了激情。家境贫寒的她，渴望通过自己勤劳的双手，让身在农村的父母过上富足幸福的日子。

可天不遂人愿，工作的第二年，她最初的工作热情就已经开始慢慢地减退。面对满桌子的销售报表，以及销售经理千年不变的严肃脸，吕言一觉得自己每天活得就像一个麻木无感的机器人。然而，身边的老同事们都纷纷安慰她，这才是漫漫职场生涯的第二年，再坚持一下，苦熬个几年，老板最后一定会给她加薪又升职。

吕言一心想，既然经验丰富的前辈们都是这么过来的，那她应该也能挺过去。就这样，抱着苦熬的心态，吕言一又继续在销售助理的岗位上干了整整五年。现在的她，比起头两年来更显疲惫和憔悴，工作一如既往的单调和枯燥，简直让她不胜其烦，有时候真恨不得点一把火，把办公桌上堆积如山的报表烧得一干二净。

吕言一对工作再也提不起任何兴趣。不仅如此，她还渐渐对生活丧失了信心，觉得生命就像一口枯井，了无生趣。和办公室的同事打交道，她也不复昔日的热情，经常表现出一副懒洋洋的样子，根本就是有气无力、神情恍惚。

照这样看，吕言一绝对是感染上"职场倦怠"这种情绪"病毒"了，如果不赶紧"开方抓药"，她的工作状态肯定会大受影响，职业前途也岌岌可危。

我可不是在危言耸听，如果吕言一再这样工作下去，"职场倦怠"一定会掏空她身上所有的精气神儿，让她终日活在压抑、疲劳、萎靡的消极低落情绪中，从此可能昏昏欲睡但又无力自拔。其实，产生"职场倦怠"的最大原因，还是我们长年累月地重复同样的工作，从而渐渐地失去新鲜感。

虽然吕言一深知自己再这样苦熬下去，一定会得忧郁症，可是除了这个工作，她真的不知道自己还能干些什么。她不能没有工作，没有工作谁来赡养自己的父母呢？如果辞掉工作，她也不想再重操旧业，再和这堆报表打交道，毕竟她刚从一个狼坑走出来，何苦又转身跳进另一个虎窝呢？

看似走不出去的迷宫，实则还是有它的解决之道的。对于朋友吕言一的困扰，我觉得她实在是思虑过多。事事岂能尽善尽美，如果这份工作真的已经把她逼进了绝境，她就只有两条路可走，要么辞职另谋出路，要么转变心态，好好地在这个岗位上生存下去。要知道，"职场倦怠"最喜欢眷顾那些对自己职业生涯规划犯糊涂的人，趁着人犯迷糊的空当，它就偷偷地见缝插针，在人的心里种下疲惫和厌倦的种子。

因此，为了避免"职场倦怠"的"眷顾"，我们应该科学地规划自己的职业生涯，了解自己的特长和优势，尽量从事自己擅

135

长的工作，主动寻找工作中的满足感和成就感。这样，我们才不会那么频繁地对工作产生一种心理上的厌恶和排斥，最后影响到自己的工作效率。

另外，工作和生活应该分属两个世界，我们一定要学会自由切换。工作之余，不要把紧张、焦虑的情绪带进生活中。不管工作有多么忙碌，记得抽出一点空闲的时间，让自己的身心尽情地沐浴在闲适轻松的氛围里。

每一个在职场摸爬滚打的人，都有可能感染上"职场倦怠"这一情绪"病毒"，这就跟我们平时生病一样，担心、害怕以及逃避对身心的痊愈其实没有一点好处，能够勇于直面问题的人最终才能从沉睡的状态中走出来，改头换面，获得新生，让清晨的第一缕阳光直射心底。

做个有福气的职场"傻人"

　　在很多人眼里，庄稼只有成熟了才能收割，蔬菜只有成熟了才能食用，人只有成熟了才会靠谱。事实果真如此吗？平时的工作、生活中，我们有时会看见一些自诩成熟聪明的人，每天内心苦闷，他们的世界里似乎堆满了各种各样的烦恼，怎么扫都扫不干净。

　　而反观一些表面上看起来不怎么机敏聪慧的人，他们的心胸可能比一些成熟聪明人士更宽阔；为人处事虽说少了几分严谨，冒着几分傻气，但他们却活得比谁都要快乐，身边的人都喜欢和他们打交道，因为他们时常绽放犹如向日葵般的灿烂笑容，和他们交谈一会儿，我们仿佛能从中汲取积极乐观的力量，扫除自己内心的阴霾。

　　我就曾经遇到过这么一朵迷人的"向日葵"，她是我的下属，名叫苗小阳。真的是人如其名，和她相处了那么久，我从来没有见过她有情绪低迷的时候。

人事助理的工作其实并不轻松，每天都要周而复始地重复那些事：上网浏览应聘者的简历，搜集合适的应聘者的资料，之后还要不停地打电话，安排应聘者前来公司面试，等等。虽然我曾经也在这个岗位上做了多年，可是现在回过头来想想，确实让人有点疲惫乏味，当年我还为此叹过不少气呢。

可为什么苗小阳却干得那么快乐呢？有的同事资历还没她深，都经常聚在一块唉声叹气，抱怨这个，埋怨那个，她却像一个"小傻瓜"，整天在办公室乐呵呵的，仿佛不知愁为何物。

有一次，苗小阳跟我请假，说孩子突然生病了，在家没人照顾，她得赶回家，带孩子去看病。我当时一听，立马就准了她的假，但让我有些纳闷的是，她的神情非常淡定，丝毫看不出有任何的慌张，"小阳，你的孩子生病了，你怎么看起来一点也不着急呢？"

苗小阳微微一愣，没有料到素来严谨的我会问她这个问题。她笑着解释道："人一急啊，反而容易出乱子，孩子只是小感冒，并不是什么要紧的大事儿，我带他去医院做个小检查就行了。要是为这事儿还左想右想，把自己的好心情给赔上了，未免也太不值了！"

我听了她这一番话，心里忍不住暗暗为她喝彩，看来，一个人过得非常快乐不是没有道理可循啊。从她乐观豁达的生活态度里，我似乎找到了她对待重复单调的工作还不厌倦的原因。很多职场人士之所以会对自己的工作产生倦怠，除了工作本身太过单调和乏味，其实最大的原因还在于一个人的心境。

在我见过的下属中，不乏比苗小阳更为聪慧伶俐的人，他们的工作能力可能要比苗小阳高出一筹，但是他们的工作状态和工作效率却远远不及苗小阳。苗小阳时刻都在享受着自己的工作，并不觉得每天做同一件事情会让人无聊，她在工作的时候，从来不会夹带任何的负面情绪。别的同事或许一边浏览应聘者的简历，一边在心里大骂工作的烦闷和无趣，苗小阳却只会认认真真地搜集应聘者的详细资料。

当她整理出许多在她看来比较合适的应聘者的资料时，其他的同事总是笑她傻，工作干吗那么辛苦，随随便便找几个应付老板不就行了嘛。苗小阳却并不这么认为，在搜集应聘者的资料时，她喜欢将他们的简历内容看得仔仔细细，包括出生年月、所学专业、兴趣爱好、工作经历以及自我评价等。了解到这些基本的信息之后，她和应聘者谈天说地聊心情，不管他们最后有没有面试成功，她一般都能和这些人成为朋友。后来，还有不少的应聘者经常跟她保持联系，逢年过节都会给她送来温馨的祝福。

我想苗小阳是一个有福气的职员。工作的时候，她就努力地工作；吃饭的时候，她就专注地享用美食；和同事聊天的时候，她更是纯粹地享受人与人之间的交流以及彼此思想上的碰撞。

世界没有那么复杂，复杂的永远是人心。一些人总是习惯瞻前顾后，想这想那，工作的时候不好好工作，偏偏要受制于比如"好无聊"这样的负面情绪，搞到最后，不仅工作没有结出丰硕的果实，还把自己的好心情砸了进去，简直就是赔了夫人又折兵。

对于职场人士来说，做人不妨"傻"一点，只有回归简简单单的工作，放空自己纷杂的思绪，我们才会享受到福气满满、快乐满足的生活。

"沉睡"也要保持清醒的头脑

141

公司里总有年轻的同事向我请教职场成功的法宝，有一个小姑娘甚至非常直白地问我："您工作这么多年，难道就没有感到无聊的时候吗？"这真是一个好问题，我也不是一个圣人，即便这份工作是我个人的兴趣所在，我也没法保证能够时时待它像初恋情人般热情洋溢。

我也曾经历过一段情绪低迷、焦躁不安、压抑郁闷的时光。不过我比较幸运，当我发觉自己已经快要丧失对工作的激情，进入职场"休眠期"的时候，我决心拯救自己，勇敢地对内心的倦怠宣战。

我始终记着一句话，"一个能控制住不良情绪的人，比一个能拿下一座城池的人强大"。这句话犹如一针强心剂，在我即将颓废地陷入"沉睡"之前，及时地拉了我一把。

142

　　我是一个对自己要求比较严格的人，虽然谈不上事事追求完美，但确实希望自己在工作的时候，能够将大大小小的事情都牢牢地掌控在手里。天生缺乏安全感的我对未知的事情充满了恐惧。工作那么多年，我的脑子里始终绷着一根弦，生怕工作上出现什么纰漏，影响到自己的工作业绩。而且我非常在乎公司老板对我的评价，所以我希望自己经手的每一件差事都能完美无瑕，找不到任何的差错。

　　相较于很多人的职场倦怠，我觉得自己并不是因为工作本身的单调无趣而丧失对工作的热情，而是因为我自身的性格太过吹毛求疵，太过严以律己。打个比方，有时候要用一天的时间才能完成的工作，我偏偏想充分挖掘自己的潜力，逼迫自己只用三分之二的时间完成。但到头来的结果是什么呢？说出来不怕大家笑话，我的理想目标不仅没有实现，最后反而还多浪费了半天的时间。

　　众所周知，人都有倦怠之心，几乎没有人能够做到一连几个小时都专注地工作。大多数时候，我们在进行长时间的工作之后，其实都要给自己腾出一点休息的时间，劳逸结合才能取得事半功倍的效果。而我却把一天的任务挤压在三分之二的时间里，根本就没有为自己留下足够喘气的时间，因此，每次一看到计划的时间快要用完，自己的工作却没有多大进展的时候，我就会变得非常的焦虑和不安。

　　一旦这种情绪涌来，我就会对手头的工作产生一种抗拒排斥的心理，紧接着，自己的工作效率也会直线下降。而工作效率下降，又加深了我精神上的焦虑感，如此往复，就陷入了一个恶性循环，最后导致自己精神上严重透支。

　　记得那一阵，我在工作上经常出错，完全不复以往的滴水不漏。上司的再三警告犹如一桶冰凉的水倒在我的头上，让我如梦初醒，渐渐地从神情恍惚中走出来。为了摆脱职场倦怠对我的消极影响，我开始努力地让自己的头脑保持在清醒的状态，并且时时提醒自己不要沉睡不醒，不要在阴暗晦涩的心境里沉沦，浪费大好的年华。

　　从那之后，我就决心控制自己的不良情绪，誓做一个比拿下一座城池还要伟大的人。通过深刻的自我反省，我终于弄清楚了自己被职场倦怠绑架的症结所在。其实，当时的我最需要的应该是积极的自我暗示，学会欣赏自己，懂得善待自己，适度地进行自我肯定，这也是我克服职场倦怠的核心武器。

　　另外，我还学会合理地安排自己的工作时间。如果工作时间过长，事后我一定会及时地给自己放个小假，让自己舒展一下身心，补充一下元气。毕竟马儿无草不肥，花儿无肥不茂，我们也不是一块永不断电的长效电池，当然需要偶尔停下忙碌的脚步，为能量即将耗尽的自己充充电，日后也好精神抖擞地继续行进。

　　清醒的头脑让我对自己的职业理想有着抽丝剥茧般的认识。

我清楚自己想要什么，也明白自己需要为此付出什么，更深知自己该如何去做才能得到我心之所求。

在我的字典里，从来没有一步登天这个成语，有的只是踏踏实实，一步一个脚印。从一个小小的人事助理开始，通过自身的努力奋进，我慢慢地走到今日人事主管的位置，其间也经历了不少的大风大浪。但我并不惧怕风雨的来袭，因为我的头脑并不混沌，清醒的意识告诉我，职场的腥风血雨不算什么，最重要的是自己的内心有足够的力气可以去跋涉。

由此可见，职场倦怠症其实也并不是什么妖魔鬼怪，它永远不能迷惑坑害头脑清醒之人，更别妄想驾驭头脑清醒之人的情绪。对于职场倦怠症，我们应当大胆地扒开它看似邪恶的外衣，然后果断地挥舞手中的清醒之剑，集中注意力，一举击中它的要害，最后让它乖乖地臣服在我们的脚下。

杜绝"多米诺骨牌效应"

"多米诺"骨牌作为一种游戏曾经风靡全球，只要轻轻推倒一个骨牌，那么后面的骨牌也会跟着倒下去，从而形成一种视觉上的奇观。

而在我们工作当中，也会出现"多米诺骨牌效应"。工作当中的多米诺效应指的是由一个行为带来的后面一系列不可逆的后果。而这些后果，往往不是我们想要的。

我的朋友伍小鹤曾经给我讲过她的一段工作经历。

那段时间，小鹤的父亲由于突发心脏病住院，小鹤却远在外地不能回家。心中虽然惦记着父亲，行动上却不能给父亲太多的安慰，这让小鹤很是纠结。

工作还得继续，生活也不能停下。小鹤只能先安慰自己不要多想，然后每天照常上下班。但是事情不遂她愿，没过多久，小鹤就搞砸了自己手上的一份工作。由于心不在焉，她竟然忘了与公司一名重要的经销商联系，最后惹得老板勃然大怒。

本来这种错误别人也犯过，在这种情况下，只需要做一些补救措施，再跟老板道个歉，主动承认一下自己的错误就行了。但小鹤觉得自己没有回家陪着老父亲就是为了做好这份工作，这一点，老板他们也不是不知道，既然这样，他们应该体谅她的不幸，现在怎么反倒怪起她来了呢？

想到这里，小鹤就下定了决心，坚决不道歉。

最后的结果可想而知，老板认为小鹤知错不改的态度十分恶劣，很快就给了她一句话："要么承认错误，要么就卷铺盖走人。"

而已经被麻烦搅昏了头脑的小鹤在当时也没能冷静下来，当着老板的面，愤怒地收拾起自己的东西，毅然决然地选择了离开。

小鹤跟我说起这件事的时候，其实是满脸的悔意。她说，只是由于父亲生病的事搅得她内心不稳，然后麻烦事一桩桩一件件的出现，最终导致了自己的辞职。其实父亲在住院两天后就平安了，而公司这边，老板其实是个很有宽容心的人，他并不是揪着小鹤的小辫子不放，只是想让她认识到自己的错误而已。

但是，事情已经发生了，最后一块骨牌也倒了下来，再后悔也是无济于事了。

和我朋友小鹤有类似经历的人相信不在少数。古语说："一步错，百步歪。"很多时候，就是因为走错了一步路，最后步步错，步步歪。

那么，该怎样提前预防并杜绝这种情况的发生呢？

第一，我们应该弄清楚，第一张骨牌到底在哪里？也就是说，我们必须找到导致后面一系列"悲剧"的根源。有的人可能会说，我知道问题出在哪儿，但就是控制不住自己的情绪。

其实，有这种感觉的人大多是在工作当中缺乏自制力的人。假如我们明知自己一个行为可能会带来我们无法承受的后果，那么相信很多人在这时候都会进行利弊权衡。我们陷入"多米诺骨牌效应"当中往往是因为我们对后果考虑得不是很周全，或想不到后果，所以就对自己将要做的事少了顾忌，最终导致"悲剧"的发生。

147

第二，当我们遇到烦心事时，最好的办法是停下来。为什么要停下来？因为当一个人陷入连环霉运当中的时候很容易陷入一种不知所措、烦躁的状态，而这种状态就像是"多米诺骨牌效应"，一个推倒一个，最终导致霉运接踵而至。而停下来则能够让人充分冷静下来，可以让我们有精力去思考为什么会出现这一系列的状况。

其实，很多时候，我们的霉运都来自我们的不专心，就像走路的时候玩手机容易撞到别人一样，三心二意地去做什么事一般都会遭遇麻烦。所以这个时候我们更要停下来，专心去做一件事，把别的事情放在脑后。

"屋漏偏逢连夜雨"，我们不能去责怪屋漏和连夜雨，怪只能怪我们自己。第一，我们没有对屋子进行细致的检查，就算只是一场小雨也可能让屋子成为"水乡泽国"。第二，我们应该注意一下天气。如果提前知道会下雨，那我们只要对房屋做一下修葺就行了，怎么还会落得个"落汤鸡"的下场。

当然，这只是一种形象的比喻。这个比喻说明我们的霉运大部分都是由我们自己造成的，所以要想解决霉运不断的问题，就必须要先从自己入手，在被霉运搞得焦头烂额的时候静下心来想一想，问题到底出在哪儿。只有停下来才是我们面对连环霉运时的最好选择，也是杜绝"多米诺骨牌效应"的最好办法。

保持一生学习的习惯

149

一些职场人士认为，一个人如果在一份工作上做了五六年，还是不能升职加薪，那最后一般会陷入职场倦怠无法自拔。我想，抱有这种想法的人，大概是忘记了一个非常重要的词——主观能动性。

如果我们想在职场上功成名就，就必须增加自己的含金量，让老板看到我们的非凡才干。

而飞速提升自身能力的最佳方法，莫过于充分发挥主观能动性，鞭策自己不断学习。只有这样，我们才能跟上时代的脚步，取得职场竞争的优势，让自己屹立不倒。

洛宏凯是一家大型服装公司的服装设计师，他曾设计出一系列时尚夏装，一经展览，就得到众多客户的好评。公司老板非常欣赏他的才能，常常鼓励他再加一把劲儿，争取日后多拿几个像这样高数额的订单。

刚开始从事这份工作的时候，洛宏凯的干劲非常足，老板的青睐更是让他对工作充满了热情。他努力地构思自己的设计方案，还时不时地向时尚界的潮人打探最新的时尚信息，比如今年流行什么样的颜色，哪种款式最受大众的喜爱，等等。

果然皇天不负有心人，洛宏凯通过自己的努力，最终设计出了一批又一批受欢迎的时尚女装，不仅自己荣获了许多的奖项，还为公司创造了巨大的经济效益。公司老板对他赞不绝口，立即给他加了薪水，不过公司设计总监一职还是没有落到他的头上。

洛宏凯对此虽有不满，但是也无可奈何，毕竟在他进公司之前，设计总监的宝座就已被公司的前辈牢牢坐稳了。不过现在的他，在服装界也的确算是小有名气。人一红，调子自然跟着见长。自那之后，洛宏凯觉得自己才华横溢，公司几乎无人能敌，因此他整日都沉浸在成功的喜悦当中，渐渐变得骄傲自满起来。

对待工作，他不再像之前那样激情四射。至于团队成员的设计作品，他也懒得去指点一二，更别说提出一些有助于他们作品改进的宝贵意见。他自认为已经给公司立下了汗马功劳，现在实在没必要像以前那么辛苦，整日整夜都耗在方案的涂涂改改上。所以，十天半个月的时间，他也不见得能交出一张由自己亲自操刀的设计图纸。

就这样，时间一天一天地过去了，面对洛宏凯的不作为，公司老板一怒之下，当着设计部众多员工的面，批评了他一顿，末了还撂下狠话："公司从来不养无用之人，你要是再拿不出像样的设计作品，我想你可以卷铺盖走人了！"

老板声色俱厉的一席话让洛宏凯顿时颜面扫地，他突然惊觉过来，原来自己往日的辉煌成就并不能为现在以及未来的无所作为买单。如果他不能先让自己升值，公司老板自然也不甘心给他升职，所以，他的锦绣前程一直都掌握在自己的手里。

其实，行走于职场，老板只是根据比赛情况最后判定输赢的裁判，我们才是决定比赛输赢的一方。

洛宏凯总算是明白了这一点，要不是老板一语惊醒梦中人，指不定他现在还处在职场倦怠里。他想自己不能再这样浑浑噩噩下去了，毕竟职场强手如林，一不小心自己就会被别人取而代之，在工作中不断学习，努力充电，提高自己的工作技能才是唯一的出路。

正所谓"明人不用细说，响鼓不在重锤"。洛宏凯为人还算聪慧，自那之后，他集中精力，天天扑在设计桌上，和团队成员一起设计服装。不仅如此，他还充分利用闲暇时间，自掏腰包出国学习，各处拜访有名的服装设计师，向他们讨教。

公司老板非常欣慰洛宏凯的大转变，因此，他向设计部门

151

的所有成员承诺，倘若他们能拿出优秀的服装设计作品，每个人的年终奖都将连翻两倍。重赏之下必有勇夫，大伙儿顿时干劲十足，跟着团队领军人物洛宏凯奋力前行。

三个月后，学艺归来的洛宏凯向公司老板递交了一份令人满意的答卷，他们设计的服装作品备受客户的青睐，一连签下近百万元的订单。公司老板也兑现了对设计部成员的承诺，为他们送去了丰厚的奖金，至于洛宏凯，当然也稳坐了设计总监的宝座。

在竞争激烈的职场，只有保持不断学习的势头，才能为自我赢得更大的生存发展空间，才能让自己立于不倒之地。一些职场人士并没有意识到这一点，他们和最初的洛宏凯一样，以为自己过去为公司立下了汗马功劳，公司就会"滴水之恩，当涌泉相报"，为他们提供优渥的工作环境。殊不知，如今社会发展迅速，知识不断更新。如果我们固步自封，不愿意去学习新的知识，那么总有一天我们会被这个残酷的社会淘汰。职场晋升的机会从不光顾懒散自大之人，不管我们身处什么位置，都要保持一生学习的习惯。

敢于改变按部就班的人生

一生很漫长，一生也十分短暂。人们都知道人生的珍贵，但有些人却不知道具体该如何去珍惜。

机会往往是留给那些敢于冒险的人的。试想，一个不敢改变自己现状的人怎会去冒险，又怎能获得自己想要的机会。

广西大新县鸿福摩托车贸易有限责任公司董事长马海鹏有过这样一段经历。1992 年 7 月，马海鹏高中毕业返乡，带着美好憧憬加入前往广东打工的大军，他在广东深圳、东莞等地先后做过工厂管理员、业务员，但苦干两年多后，打工所得仅够糊口。艰苦、清贫的打工生涯让马海鹏很不甘心，"不能这样枉过此生，趁年轻去做自己的事情"。怀着这样的想法，1995年，他毅然返回大新县，在一家小摩托车维修店学习摩托车维修技术。由于勤学好问，头脑机灵，肯钻研，马海鹏很快成为维修店里的第一维修工。

虽然小店给付的工资也仅能维持他的日常开支，但马海鹏却从中发现了摩托车行业的巨大商机。随着大新县城镇居民收入的增加和生活水平的提高，摩托车渐渐成为大多数人代步首选的交通工具，市场需求不断增长，摩托车维修和销售的发展前景广阔。他开始伺机开创自己的事业，恰好此时他所在的小店因经营不善，难以维持。1995年，马海鹏便以1万多元的价格从店主手中盘下该小店独自经营，迈出了创业的第一步。

做事就要做到最好，这是马海鹏的处事原则。独自经营以后，马海鹏便树立了"以管理出效益，以创新谋发展"的经营理念，逐步扩展维修业务，同时发展摩托车配件批发业务。他招聘了一批刚从学校毕业的年轻人，进行业务培训后派往大新县及周边各乡镇的摩托车维修店，专门进行配件批发业务的拓展。

由于服务快捷、产品好、讲信誉，马海鹏的小店名气越来越响，业务也越做越大。到2003年，马海鹏的鸿福摩托车维修配件店已成为大新县城及周边乡镇摩托车维修店的最大配件供应商，加盟的摩托车维修店达100余家，维修业务遍布县内外多个乡镇。"鸿福摩配"创出了品牌，成了大新县内不折不扣的"摩配老大"。

马海鹏认为，在激烈的市场竞争环境下，小企业要生存发展，必须适时创新，这样才能立于不败之地。2003年9月，在认真研究了摩托车市场走势之后，马海鹏毅然筹资100多万元开展摩托车整车销售，并注册成立了大新县鸿福摩托车贸易有限责任公司。

为提高公司的销售业绩和知名度，马海鹏决定从"售后服务"这一环节入手。公司制定了严格的服务守则，采用科学管理方式，确保服务质量。实惠的价格，优质的售后服务，赢得了顾客的信赖。经过8年的艰苦奋斗和努力拼搏，大新县鸿福摩托车贸易有限责任公司成长为集摩托车销售、配件批发与零售、维修服务为一体的企业，营业面积达2000多平方米，销售维修网络全面覆盖大新县城及周边乡镇。

马海鹏在一次次自我突破中，书写了从"打工仔"到董事长的传奇人生。

当然，创业是一件充满风险的事，并不适合每一个人。但是我们应该从马海鹏这个创业者身上学到的不只是该如何去创业，还有该如何去改变按部就班的人生。

曾经看到过这样一个笑话，一位记者采访山区的一个放羊小孩："放羊是为了什么啊？"

小孩答："放羊是为了挣钱。"

记者又问："那挣钱是为了什么？"

小孩答："挣钱是为了以后能娶个媳妇生个娃。"

记者接着又问："生了娃想让他干什么呢？"

155

结果这个小孩说出了令人捧腹又心酸的回答："放羊。"

是啊，人生如果总是在这种"设计"当中按部就班地走，那么生活怎么会有改变。如果只是这样发展，那么我们的人生和这个世界上绝大多数人又有什么两样？

也许有人会说，并非是我们不敢改变，而是现实给了我们太多的压力，在这种情况下，我们根本无暇改变现状。这种想法其实是一种因果倒置，正是由于我们不敢改变现状，才会让现实变得越来越坚固，越来越难以改变，而不是现实导致了这一切。

达尔文说过，能生存下来的物种未必是最聪明或最强大的，但却是最善于适应变化的。只有适应社会不断变化的环境，我们才能活得更好，进步得更快。如果只知道偏安一隅，按部就班地生活，那么，下一个被社会淘汰的人可能就是你！所以，请改变墨守成规的思想观念吧，工作和生活并没有其固定不变的死板模式，一潭湖水只有在涟漪不断的时候才是最美的。

心情有点"灰暗"，就多向阳光处走走

"好郁闷，这份工作实在是太无聊了，再这样做下去我一定会发疯的！""我也太倒霉了吧，为什么加薪升职的总是别人，我干了那么多年却还是外甥打灯笼——照旧呢？"……工作中，我们有时会听到诸如此类的抱怨。和喜欢抱怨、心情"灰暗"的人相处久了，几乎没有人能够不被他们的坏情绪感染。

朋友尤秀琴在一家公司工作了五年，一直都没有得到升职，她觉得自己是一颗被埋没的金子，没有得到公司领导足够的重视。为此，她的心情一直处于低潮期，工作起来一点也不带劲儿，刚好部门有一位同事和她同病相怜，两个人经常聚在一起聊天。

这位同事名叫陈冬雨，比起朋友尤秀琴来，她可是一个十分厉害的角色。论资历，她比尤秀琴还要早一年进公司，可

是一直以来也没有遇到什么升职的美事，现在和尤秀琴还是处于同一个级别。生性酷爱抱怨的她，工作上一有什么不顺心之事，就喜欢拉着同事大吐苦水。

久而久之，公司的同事一见到她，都恨不得转身就走，生怕自己被她给缠上了，待会又是没完没了的一场牢骚。而尤秀琴刚好是那种少一根筋的人，心情非常"灰暗"的她，对于同事陈冬雨的死缠烂打毫无拒绝的能力。闲暇时候，陈冬雨总是在尤秀琴的耳边窃窃私语，她每说一句话，尤秀琴的脸色就要难看一分，说到最后，尤秀琴的脸简直是"黑云压城城欲摧"，几乎快要下起瓢泼大雨了。

尤秀琴的心情越来越糟糕，因为陈冬雨告诉她许多她从来都不知道的公司内幕，比如某某同事的工作时间非常自由，根本不用上下班打卡；某某同事是公司老板的亲戚，所以升职加薪永远有她的份儿；某某同事刚进公司不久，底薪竟然比他们还高……

陈冬雨在给尤秀琴灌输这些信息的时候，语气中常常不自觉地带着几分愤懑不平，让原本心情就不好的尤秀琴也开始认为她说的话很有道理，觉得公司并没有给每位员工提供一个公平竞争的舞台，许多同事都是凭借着自己的"特权"稳坐高位。

尤秀琴的不快乐开始慢慢增多，对待工作也渐渐地失去了激情。她每天都活在灰暗的世界里，痛恨着公司加诸她身上的不公正待遇。正当她痛苦不堪之际，公司领导突然交给了她一项任务，让她暂时放下手头的一切工作，全力协助自己所在部门的主管刘晴，组织好这次公司内部的大型联谊活动。

在工作过程中，主管刘晴似乎察觉到了尤秀琴的情绪十分低落，她关切地问道："秀琴，你最近发生了什么事啊？之前你可是咱们办公室里的'开心果'啊，可现在为什么都听不见你爽朗的笑声了呢？"

刘晴的一番话让尤秀琴傻愣了半天，她呆呆地回想自己的过去，究竟是从什么时候开始，她变得那么面无表情，就连最简单的微笑都消失得无影无踪呢？就在这时，陈冬雨那一张满是怒气的脸突然浮现在她的脑海里，于是，她语带压抑地对主管刘晴说道："刘姐，我在公司已经干了整整五年了，可一直都在原地踏步，升职为什么总是没有我的份儿呢？听陈冬雨讲，要想在公司里混出个人模人样来，如果没有够硬的背景，根本就是镜花水月一场空！"

"什么？陈冬雨竟然跟你说这些话？"主管刘晴听了，先是有点不敢置信，最后却当着尤秀琴的面哈哈大笑起来。"秀琴，你倒是给我说说，陈冬雨是怎么跟你灌输这些谬论的？我在这个公司工作也有十年的光景了，怎么从来不知道升职要靠关系这回事儿啊？"

主管刘晴的反应让尤秀琴感到有些不知所措，因此，她原封

159

不动地将陈冬雨告诉她的那些公司内幕转述给了刘晴。刘晴听完之后，笑着对她说道："秀琴，你说的那个总是加薪又升职的人，根本不是老板的亲戚，而是老板花重金聘请来的高才生；还有那个上下班不打卡的人，他可是公司出了名的'财神爷'，天天在外面跑业务，用不着按时打卡；至于那个底薪比你高的人，他才是老板的亲外甥，不过是来这里实习罢了，以后不在公司上班的！"

事到如今，可以说是真相大白。尤秀琴顿时觉得自己是一个大傻瓜，竟然为一些莫须有的事情愁眉苦脸这么多天。主管刘晴见她一脸悔意，语重心长地说道："工作不顺利，一定要多往好的方面想想，不要听风就是雨，被一些同事的坏情绪影响。多向阳光处走走，和一些积极乐观的同事打打交道，人也会变得开朗起来！"

尤秀琴认真听取了主管刘晴对她的建议，在日后的工作生活中，再也不跟陈冬雨有过多的接触。同时，主管刘晴的豁达和开朗，也渐渐让她有一种遇到一朵向日葵的感觉。每次和刘晴交流完，她总能收获满钵，如被温暖的阳光洗礼过，内心深处积攒下更多的快乐。久而久之，工作再也不是一件苦大仇深的事情。她坚信，只要自己重拾对工作的热情，多和像刘晴这样心态阳光的同事来往，最后就一定能守得云开见月明，将职场倦怠症远远地甩在身后。

如果我们感觉自己的心情有点灰暗，那么一定要记得常向阳光处走走，因为与快乐的人为伍，我们才能积极向上。

成功靠的是持之以恒

据说，古希腊哲学家苏格拉底是一个才思敏捷的智者，当时，很多人慕名前来想要拜他为师，这些人大多天资聪颖。

开学第一天，苏格拉底对学生们说："今天咱们只学一件最简单也是最容易的事儿。每个人都把胳膊尽量往前甩，然后再尽量往后甩。"说完，苏格拉底就当着诸位学生的面儿，亲自示范了一遍，"从今天开始，同学们每天都坚持做三百下，大家都能做到吗？"

学生们都哈哈大笑起来，这么简单的事儿，压根就没有一点技术含量，又有何难呢？过了一个月，苏格拉底笑着问学生们："每天甩手三百下，请问有哪些同学还在坚持着？"

话音刚落，90%的同学都得意扬扬地举起了自己的手，苏格拉底点头称是。又过了一个月，苏格拉底再次抛出同样的问题，这一回，还在坚持每天甩手三百下的同学仅剩八成。

一年过后，苏格拉底再一次问大家："请问，现在还有哪些同学坚持每天甩手三百下？"此时教室里鸦雀无声，只有一个人举起了手。这个坚持到最后的学生，后来成了世界上伟大的哲学家，他就是鼎鼎大名的柏拉图——哲学著作《理想国》的作者。

对于一个小小的甩手动作，随着时间的流逝，能够将它坚持下来的人一天比一天少，最后仅剩下柏拉图一人。尼克松说："累了就歇在路边的人是不会得到胜利的。"和其他"累了就歇在路边的同学"相比，柏拉图无疑是最早尝到胜利果实的那个人。

职场亦是如此，半途而废者经常会说"这样做下去毫无意义，还是放弃吧"，而能够持之以恒的人却觉得"再努力坚持一步，成功就在不远处"。两种不同的工作态度，造就的往往也是两种截然不同的人生。无数的事实证明，前者在事业上总是不如后者来得成功。

蒋康杰在一家图书策划公司工作，刚进公司那会儿，只有中专学历的他，在一大群拥有大学本科学历的同事面前，还显得有几分自卑，感觉自己有些低人一等。

意识到自己和同事的差距所在，蒋康杰工作起来格外努力。他在心里暗暗地告诉自己，没有和其他同事站在同一起跑线上，这件事并不重要，只要他有足够的耐性和韧性，对待工作始终能够坚持下去，最后他就一定能在事业上取得骄人的成绩。

蒋康杰刚进公司那会儿，公司正处于初创阶段，每月所创造的利润并不是很高，员工的工资相对而言也就比较低。不到一年的时间，许多和蒋康杰一起进来的同事都坚持不下去了，他们纷纷向公司老板递交了辞呈。

可蒋康杰却始终不愿意离开，他觉得公司的发展前景其实非常好，公司的老板也是一个颇有才干、沉得住气的人，只要再坚持一会，他相信公司一定能安然地度过创业初期这段艰难的日子，慢慢迎来发展的春天。而且虽然他现在每个月只能拿到2500元的微薄薪水，但是不管公司经营多么困难，老板却始终不曾拖欠他们的薪水，仅凭这一点就足以让他信服。就这样，公司里的员工来来去去，始终坚守在编辑岗位的却只有蒋康杰一人，公司老板也因此对蒋康杰刮目相看。

有一天晚上，他热情地邀请蒋康杰来自己的家里吃饭，饭后，他好奇地问道："公司现在处于创业初期，工资待遇也不是很好，这么多人都走了，你怎么就愿意留下来呢？"

蒋康杰笑了笑，言辞诚恳地回道："您不也在坚持吗？公司会慢慢壮大的，一口吃不成胖子，只要我们静心守候，迟早精诚所至，金石为开！"公司老板听了他这一番话，连连点头叫好，两个人惺惺相惜，私下里渐渐成了趣味相投的好朋友。

在那顿不同寻常的晚饭之后，蒋康杰带着强烈的责任感更加积极地投入工作中，整日在电脑前忙碌，不停地撰写书稿、改编文稿。闲暇之余，他还跟着公司老板学习图书策划，几年下来，公司的规模日渐壮大，他也一跃成为公司策划团队的总编辑，薪水连翻了好几倍。

罗曼·罗兰曾说："与其花许多时间和精力去凿许多浅井，不如花同样的时间和精力去凿一口深井。"我想，蒋康杰就是勇于"凿深井"的代表。当身边的同事一个个因为薪水低廉导致工作热情不高，最后无奈地陷入职场倦怠，不得不选择辞职离开时，蒋康杰却坚持将工作之井凿下去，不见活水誓不罢休。这大概也印证了那句俗话"只要功夫深，铁杵磨成针"，坚持往往就是胜利，只有勇敢地闯过去，我们才能到达一片全新的天地。

我们要想在职场大放异彩，一蹴而就绝对不是成功的秘诀，关键还是要有滴水穿石那样持之以恒的精神。只要我们不轻言放弃，或许只要再坚持往前迈进一步，就能推开眼前那扇通向成功的虚掩之门。

第七章

要工作也要生活

有人说，人生试卷一共有四道题目：学业、事业、婚姻、家庭。平均分高才能及格，切莫花太多的时间和精力在任一题目上。可是很多人，在工作与生活的夹缝中左右为难、顾此失彼——有些人事业成功了，家庭失败了、身体累坏了、幸福感丧失了。殊不知成功的真谛是不能偏科。

工作、生活为何往往顾此失彼

前两天，儿子放学回到家里，愁眉苦脸地对我说道："妈妈，欣欣这几天非常不开心，上课的时候总是心不在焉，下课的时候还偷偷地掉眼泪。"

欣欣是我朋友季昌希的女儿，她和我儿子是同班同学，两个人的感情一直非常要好，每次欣欣遇到什么不开心的事儿，儿子也会跟着她一起难受。

听到儿子忧心忡忡的一番话，我也不自觉地着急起来，因为在我的印象中，欣欣一直都是一个爱笑的女孩，怎么连着几天都这么不开心呢？还偷偷地掉眼泪，莫非她家出什么大事了？

"那欣欣有没有告诉你，她因为什么事不开心呢？"我连忙问道。

儿子摇了摇头，眉头紧蹙地回道："我问了好几遍，她都不肯告诉我，只是一个劲儿地哭，哭得好伤心。"看来儿子也不知道怎么回事，我决定还是打电话给朋友季昌希，问问他到底是怎么回事。

电话拨通之后，只听见沉沉的一声"喂"，我心里立马凉了一大截，季昌希的声音怎么听着那么低沉？"昌希，你们家出了什么事儿吗？听我儿子讲，欣欣这几天在学校情绪十分低落啊，一个人总是偷偷地哭，你知不知道啊？"

"欣欣在学校哭？我不知道啊，是不是有人在学校欺负她了？"电话那头的他显得非常着急，似乎一点也不明白发生了什么事情。

对于他的毫不知情，我顿时觉得有点生气，他身为欣欣的爸爸，怎么连自己女儿的情绪变化也察觉不出来呢？"你怎么回事啊？欣欣每天放学都会回家，她眼睛红红的难道你看不出来吗？她心情那么不好，晚上在家肯定也吃不下饭，难不成你都不闻不问吗？"

对于我连环炮一样的质问，朋友季昌希在电话那头沉默了好一会儿，他叹了一口气说："前一阵，我和欣欣的妈妈吵了一架，两个人闹的都有点不开心。刚好最近公司的事儿比较多，我就没有回家休息，直接在公司办公室的沙发睡下了。"

"什么？你竟然好几天都没有回家？大哥！你就算工作再忙，也不能将自己的老婆孩子丢在家里不管不顾啊？不过话又说回来，你和欣欣的妈妈究竟为什么吵架？我看欣欣这几天那么不开心，肯定和你俩吵架脱不了干系！"

说实话，朋友季昌希处理工作和家庭二者关系的方式让我头疼不已。在我看来，当一个人因为工作，总是习惯性地忽视自己的家人，甚至发展到夜不归宿时，这种婚姻和家庭迟早有一天会分崩离析。

后来，季昌希告诉我，他平时在工作的时候，经常不接家人的电话。为这事，欣欣的妈妈曾经一再地提醒他，希望他能改掉这个不近人情的坏毛病，可他一直没有将她的话放在心上。

前几天，欣欣的妈妈有急事要找他，可连拨了他好多次电话，却一直无人接听，这让欣欣的妈妈感到特别气愤，她不明白自己的丈夫为何如此冥顽不灵，一点也不受教。

当天晚上，等季昌希回到家中，他还没来得及放下手中的公文包，欣欣的妈妈就突然从卧室里冲出来，直接杀到他的跟前，指着他的鼻子就是一顿臭骂："季昌希，你还是不是人啊？我说过多少次了，叫你上班期间不要不接我的电话，你怎么就全当它是耳边风呢？万一我以后被车撞了，打你电话又打不通，你就等着收尸，给我办丧事吧！"

面对妻子的严厉指责，上了一天班本就十分疲劳的他，火气顿时也窜了上来，"上班接电话本来就影响工作效率，我在工作上拼死拼活还不是为了这个家，你难道就不能体谅一下我吗？"

两个人都在气头上，骂战愈演愈烈，就连已安然入睡的欣欣也被他们吵醒。

季昌希始终弄不明白，工作和生活为何往往顾此失彼？一直以来，他总想通过自己的努力工作，为家人打造一个舒适安稳的生活环境。可为什么到头来，妻子却一点也不理解自己的辛苦付出，为此他感到十分的茫然，不知该如何将自己的工作和生活进行下去。

人们常说，贫贱夫妻百事哀。诚然，坚实稳定的经济基础确实是一个家庭能够良好运转的有力保障，但是我们也不能因此而忽略家人的情感需求。

就拿朋友季昌希来说，他总认为自己努力工作是为了养家糊口，不应该受到妻子的无情控诉，可他却没有认真听取一下妻子的真实心声。

妻子曾一再提醒他，上班期间不要不接她的电话，但他却自以为是，不肯重视妻子细腻的情感需求，执意要按照自己的方式过日子，最后弄得彼此都非常不愉快。

工作和生活并不是不能两全，关键在于我们是不是能够放下自己的自大和偏见，仔细聆听家人的心声，将他们的情感需求置于我们的执念之上。

懂比爱更难，朋友季昌希并非不爱自己的妻子和女儿，他只是想按照自己所认可的方式去爱家人，用坚实的物质建造一座稳固的城堡给家人居住，好让他们从此免受风雨的侵袭。可他的家人所需要的并不是这些，从欣欣妈妈的话里，我们可以看到一个女人对自己丈夫情感上的索取。

　　工作还是生活？这不是一道急需我们做出最后决定的选择题，它的答案也并不是非黑即白，只能从中选择一个填在我们生命的括号里。我们要做的，应该是寻找两者平衡的那个点。凡事过犹不及，努力工作之余，千万不要忘记给自己的家人送去温馨的问候和关爱，让家人感觉到我们发自内心的体贴和呵护。

173

工作再忙，也别忘记享受生活

最快乐的人生应该是在努力奋斗的基础上，好好地享受自己的生活。即便工作再忙，我们也要时不时地抽出空闲的时间，听一首音乐，读一本好书，吃一顿美食，放一个长假，又或是陪一陪自己的家人，一起到郊外散散心，说说体己话儿。

努力工作虽然能帮我们增加物质财富，让我们过上温饱无忧的安定生活，但也能损害我们的身心健康，让我们时时刻刻感觉莫大压力。长此以往，我们的身体一定会吃不消，连带着心理也可能会出现问题。

因此，工作忙碌之余，不妨忙里偷闲，好好地享受一下美好的生活。放松身心之后，我们就像一节充满了电的电池，能够精神抖擞地投入接下来的工作中。

永远记得朋友施远青的那句经典之语："一个不懂享受生活

的人，工作起来必然就像一个苦行僧，毫无生命的乐趣可言。"

确实，我们每一个人都是自己人生的作者，何必把剧本写得苦不堪言呢？生活苦闷的朋友们，不妨借鉴一下我朋友施远青的生活态度和生活方式。

施远青在一家建筑公司担任工程设计师，工作近十年，却没有被岁月这把杀猪刀雕刻得苍老无神。平时朋友聚会，我们这一大帮人总是笑着调侃他，"你若是再不老，我们可都要疯狂了！"

很多朋友纷纷向他讨要保养皮肤的秘方，而他总是一脸的春风得意，笑着说道："什么秘方不秘方，你们要是跟我一样，不那么热衷于挣钱，平时有事没事都出去转转，放松一下自己的心情，我保证半年下来，你们一个个都白里透红，与众不同。"

施远青的一番话，着实让众人瞠目结舌，原本很多人都以为他真的是驻颜有效，没想到他气色这么好，完全是因为平时懂得享受生活。

工程设计师的工作并不轻松，但是施远青做起来却游刃有余，丝毫不见疲惫之色。难不成他有三头六臂，别人干起来十分吃力的活儿，一旦放到他的手里，总是能以很快的速度完成？

施远青其实就是一个普普通通的人，唯一和常人不同的一点，不过是他比大多数人更懂得劳逸结合罢了。

辛苦工作之余，他会腾出空闲时间来享受生活，有时候参加各种各样的社交活动，认识一些志同道合的朋友；有时候通过球类运动和短期旅行来调整自己身心负累的状态。每当他从闲适轻松的生活里走出来，都会生龙活虎起来。

在我的眼里，朋友施远青就像一根弹性十足的弹簧，他永远把自己的状态调试到能屈能伸的位置，从不过分挤压自己，以免簧断人亡。工作带给他的压力，就跟弹簧负压一样，最终目的只是为了更好地伸展自己，积累充足的物质财富去享受生活。

作家余秋雨曾在一篇文章中谈到欧洲人注重休假这一件事情：一位东方的政府官员去拜访意大利某城市的一位市长，结果一去扑了个空，市长压根就不在办公室。市长秘书对这位东方的政府官员说，市长休假去了，休假期间他从来不接待访客。在他们看来，不管你身处何种位置，休假永远是一个人不可剥夺的权利之一，它所蕴含的价值可一点也不比工作小。

朋友施远青也正是在运用自己的这种权利，对待工作，他认认真真、勤勤恳恳，但却不会把工作当成生命的全部，让生命的每个细胞都充斥着忙碌的气息。他拥有一双发现美的眼睛，时时刻刻都能从五彩斑斓的生活中找到让自己欢欣雀跃的事。正是因为懂得享受生活，他才显得那么年轻，那么充满活力。

生命不是一场马拉松赛跑，我们大可不必将自己紧紧地上好发条，适当地放慢自己的工作节奏，把自己从繁忙的工作中解放出来，我们才能闻到幸福如花儿一样盛开的味道。

工作再忙，也别抢占"午餐时光"

　　工作是为了什么？对于这个问题，人人都会有自己的一番见解，但是说到底，很多人工作的最主要原因是为了生活。

　　但现实生活中，一些人陷入了工作当中不能自拔，最终沦为工作的奴隶，甚至赔上了自己的健康和生命。

　　为什么悲剧屡屡上演？为什么会有那么多人去透支自己的健康？这些问题值得我们反思。

　　现在很多上班族为了工作，拼命地上班，最后健康受损，得不偿失。这其实是一种本末倒置的行为。因为我们工作原本就是为了生活得更好，但是假如我们因为工作而透支了自己的健康，那又何谈生活得更好呢？

　　有人可能会觉得，出现这种问题的人应该不会很多。我们姑且不论这些，现在应该关注的问题不是过度劳累可能带来的健康问题，而是那些只有工作而没有生活的一种状态。

澳大利亚一名护士有着多年的看护经验，她在医院里的主要职责是照顾一些癌症晚期的病人。她在工作时经常会跟一些身患绝症的人谈心聊天，而她问得最多的一个问题就是："你这一生当中最遗憾的事情是什么？"

多年过去，这位护士总结了一下自己得到的答案，发现其中最多的就是："我最遗憾的事情是没能好好享受生活。"

有一项职场调查显示，有40%的职场人士经常加班，几乎将全部业余时间奉献给了工作；33%的白领会有加班任务；而能够完全支配自己业余时间的仅为11%。加班已经成为很多职场人士摆脱不了的"潜规则"。

我也经常听到我的朋友、同事或其他人在喊工作压力大，家庭关系不和谐。他们抱怨这个，埋怨那个，有的对工作太专注而忽略了家庭和生活；有的对待工作没有像对待自己家人那样有责任感。

其实，工作和生活的关系并没有那么复杂。工作就是工作，生活就是生活，我们不能为了追求高质量的生活而放弃工作，也不能因为工作而牺牲自己的生活。我们要能够在工作的时候做好一切，去追求自己能够得到的，而不要去追求那些"镜花水月"，把一些时间还给生活。这样，工作才会显得更加轻松，生活也会显得更加美好。

工作上的问题不要带回家

在一所大学的开学典礼上，可口可乐的首席执行官布莱恩•戴森曾说："想象生命是一场不停丢掷五个球于空中的游戏。这五个球分别为工作、家庭、健康、朋友和心灵。你很努力地掷着这五个球，不让它们落地。很快地你会了解到工作是一个橡皮球。如果你不幸失手落下它，它还是会弹回来。但是家庭、健康、朋友和心灵这四个球是用玻璃做成的。一旦你失手落下，它们就可能会少一角，被损坏甚至碎落一地。它们将永远不会跟以前一样。"

这段话告诉我们，很多人以为非常重要的工作，其实永远屈居于家庭、健康、朋友以及心灵之下。然而，很多人却将自己大部分的时间和精力用在细心呵护工作上，不得不说这是一件极具讽刺意味的事。不仅如此，很多职场人士还喜欢将工作上的问题带回家。

晚饭时间一到，一家人原本可以围坐在一块，一边享用丰盛的晚餐，一边畅谈当天发生的有趣事，可是有些人却始终念念不忘工作上的琐事，好好的一顿饭，最后吃出了愁眉苦脸和唉声叹气的滋味。身边的家人也跟着他们一起遭罪，被他们一脸紧张、焦虑的神色弄得心神不宁，坐卧不安。

其实，不把工作上的问题带回家，往往意味着我们不把工作上的烦恼带回家，这样做才能让我们的家庭时刻处于一种温馨和睦的气氛中。家人幸福快乐，我们自然也会被这种积极乐观的情绪感染，整个人可能会一扫白天工作时的疲惫和烦恼，让自己的内心蓄满积极向上的正能量。如此，我们又何惧明天的工作？

下班之后回到家里，我们不是不能向家人倾诉自己工作上的不如意之事，而是不能将工作上的不顺心之事转化成负面的情绪，然后将它宣泄在自己的家人身上。

最近，朋友赵雯娜来我家做客。饭后，她神色凝重地跟我说："我决定和我老公暂时分居一段时间。"我连忙劝她道："你先别冲动，凡事好商量，赶紧跟我说说你们俩之间究竟出了什么大事儿？"

赵雯娜将脸埋在手心里，抽泣着说："跟他在一块生活，每天就跟上战场一样。白天我带孩子已经够辛苦了，可晚上一家人在一块安静地吃顿饭都成了一种奢侈。他成天板着一张脸，对着我和孩子们大呼小叫，说他每天工作那么辛苦，我们竟然一点也不体贴他。可是我每天也很辛苦啊，孩子们还小，又正是好动的年纪，我每天跟在他们屁股后面收拾烂摊子也不容易啊！晚上还得给一大家子做饭，可他倒好，非但不体贴一下我，还嫌这嫌那。"

"你尝试着跟他沟通一下嘛，工作上的问题最好还是不要带回家。家庭毕竟是我们温暖可靠的大后方，好好休息放松一下的时间都嫌少，怎么可以让工作上的问题占用这难得的温馨时光呢？"不管怎么样，我还是希望朋友赵雯娜能够幸福，夫妻俩如果走到分居这一步，家庭怕是难保。

赵雯娜冷冷地哼了一声，无奈地回道："你还不清楚我的性子吗？我不是一个轻言放手的人，这个问题我已经跟他讨论过好多次，可他就是不放在心上。每天晚上回来，他总是耷拉着脸，嘴里抱怨的话层出不穷，我倒是无所谓，可我不想孩子们也生活在这种压抑苦闷的环境中。事已至此，除了分居，我实在是想不出更好的办法。"

朋友赵雯娜的一番话让我也不禁为她的遭遇感到心痛。同为母亲，谁不希望自己的孩子能够生活在一个幸福快乐的家庭环境中呢？她一个人的努力不足以为孩子撑起一方晴空，除非她的老公有一天幡然醒悟，明白轻松开心的氛围对于一个家庭的重要性。

　　我们已经将一天三分之一的时间贡献给了工作，所以即便工作再忙，也要在下班的那一刻，清空自己在工作上的负面情绪。因为回到家里的时候，我们不再是公司的员工，而是孩子们眼中亲爱的爸爸或妈妈，伴侣们心里挚爱的妻子或丈夫。

　　因此，我衷心地建议每一位职场人士，今日事今日毕，工作上的问题不要带回家。在打开家门的那一瞬间，请把工作上的不愉快全部拒之门外，然后带着温暖的笑脸去拥抱家里的每一位可爱的人儿，尽情地去享受和他们在一起的每一分每一秒。

工作、生活不偏科的人才是大赢家

今年，朋友的儿子参加高考，取得了一个不错的成绩。我仔细一看他各门科目的分数，才发现这个孩子并没有哪一科的成绩特别突出，每一科的分数基本都差不多。他在学习上能够做到不偏科，面面俱到，这非常不容易。

有时候，我不禁在想，如果一个人能够兼顾好自己的工作和生活，像我朋友的儿子那样尽量做到不偏科，不顾此失彼，那么他最后一定会是一个大赢家。可是，这样的人终究是少之又少，大部分的人都不知道该如何保持生活与工作之间的平衡。有些人执着于自己的梦想和生活，对工作挑三拣四，时不时地跳槽却最终让梦想无处安放；还有些人看重现实，希望不停地赚钱，日后好过上稳定安逸的生活，结果反为繁忙的工作所累，赚的钱全成了医药费。

崔忆书就是第一种人，大学毕业之后，她渴望当一名自由撰稿人，不用上班看人的脸色生活。然而迫于生存压力，她只得"先就业再择业"，在一家公司干起了文员的工作。她每个月拿着1500元的薪水，勉强只够解决自己的温饱问题，平时连一件像样的衣服都买不起。

没过多久，她就开始厌恶这份单调乏味的工作了。后来，在一位朋友的介绍下，她转行做起了销售，每天都要出门跑业务。虽然这份工作比上一份工作赚的钱要多，但是工作起来确实非常辛苦。每天不管刮风下雨，还是烈日当头，她都要满大街晃悠，因为找不到客户，就创造不了业绩，创造不了业绩，就意味着拿不到提成。

最终，她吃不了做销售员的苦，这份工作做了不到一年，她就向公司递交了辞呈。时间一天又一天地过去，眼看着毕业已经三年有余，她却还是没有一份稳定的工作，银行存款也寥寥无几，崔忆书渐渐地感到有点心慌了。她不知道自己当初的选择是否正确，一味地追求生活的舒适和轻松，导致她从事的两份工作都没能成功地开花、结果。

和崔忆书这种理想派相比，林子豪可显得实干多了。他是一个典型的唯物主义者，坚信经济基础决定上层建筑，金钱即便不是万能的，但没有金钱绝对是万万不能的。对待工作，他从来都是勤勤恳恳，现在，他已经在一家公司干了十年，也算是一个老员工了。结婚生子之后，他更是将大部分的时间和精力放在工作上面，一个人常常忙到连回家和家人一起吃顿晚餐的时间都没有，更别说晚上和自己的孩子聊聊天、玩玩游戏了。

从儿子出生到现在，整整七年的时间，林子豪从来没有单独带他度过一个完整的周末。当邻居家的小孩在爸爸妈妈的陪同下，开开心心地去郊外野炊时，他的儿子只能趴在家里的窗户旁，落寞地看着天上的朵朵白云，哀叹自己并不快乐的童年。

至于他的妻子，每天除了要工作，下班之后还得去接放学回来的儿子。不仅如此，回到家后，她还要辅导儿子做功课，给儿子准备营养晚餐，儿子临睡前还得给他讲童话故事，等等。林子豪身为一个丈夫，从来没有主动帮妻子承担一点家务或是一起教育孩子。他就像一个局外人，以为每个月给家里一笔很大金额的生活费用就足够了，如此大男子主义的想法和做法真是让人倍感心凉。

终于有一天，当他的妻子累倒在家里，儿子放学又等不到妈妈，一个人在学校门口号啕大哭时，他才明白自己为人夫为人父的失败。工作表现得再优秀，金钱赚得再多，不仅买不回妻子的身心健康，也买不回儿子的幸福快乐，唯有他真切的陪伴和呵护，才能治愈妻儿伤痕累累的心。如果林子豪能够早一点意识到这些，他就不会白白浪费这些年的宝贵光阴。

其实，工作和生活就像分别置于生命这杆天平秤两端的砝

185

码。只管工作不要生活的人和只要生活不管工作的人，他们生命的天平秤都会失去平衡。崔忆书和林子豪就是两个典型的代表，他们的人生经历告诉我们，如果不能保证工作和生活的平衡，我们的生命绝对没法走上正轨，迟早会在凶猛的火势下，熬成一锅难以下咽的糊粥。

英国诗人华兹华斯曾说："我们穷其一生追求的目标，早就已经在童年得到。我们越追求，离目标就越远。"工作和生活之所以失衡，多是因为很多人认为鱼和熊掌不可兼得，所以他们会牺牲自己的健康去换取事业上的成功，或者是以自己的懒散工作去换取安逸闲适的生活。可到了最后，他们往往会悲哀地发现，偏科的结果竟然是得此失彼，自己所挣得的总分依旧不高。

我们若想自己的生活呈现出双赢的状态，最关键的是要学会保持工作和生活的平衡，不做一个工作至上的工作狂，也不当一个好吃懒做的闲汉，认认真真工作之余，懂得忙中偷闲地照顾自己的家人。这样我们才能成为一个工作、生活不偏科的大赢家。

第八章

女性职场突围的
行动指南

　　做人难，做女人更难，做个职业女性更是难上加难！学问高了，没人敢娶，学问低了，没人想要；做女强人吧，男人不敢要，做弱女子吧，老板不敢请；生孩子，怕被老板炒鱿鱼，不生孩子，怕被老公炒鱿鱼……女人在生活与工作的夹缝中左右为难。性别上的差异，使她们有了一些与男性不一样的职场困惑和发展瓶颈。

女性职场发展的瓶颈

现在，许多职业女性有着不逊于男性的出色表现。人们常说这是一个女性撑起职场半边天的时代。和男性一样，女性也在为这个社会贡献着自己的才干，创造着惊人的财富。

然而，尽管当代女性的职场地位日益提升，但她们还是遭遇了一些不同于男性的职场发展瓶颈。一些即将跨过或是已经跨过三十岁大关的职业女性，有时会感觉自己的职业生涯发展到一定阶段后，想要寻求进一步发展，很难。

现如今随着女性地位的提升，大部分女性逐渐摆脱了家庭主妇的命运，纷纷走进竞争激烈的职场，和男性一较高下。

可是女性毕竟不同于男性，女性往往要比男性承担更多来自家庭方面的压力。一些女性为了能够更加全心全意地照顾自己的家庭，陪伴孩子成长，最后选择辞职，成为一名全职太太，承担起操持家务、教育孩子的责任。但还有很大一部分的职业女性，迫于家庭的经济压力，必须不断奋斗在职场上。此时的她们常常是分身乏术，根本无法保持家庭和事业的平衡。

同事钱湘今年三十三岁，结婚已经五年的她，现在已经有了一个三岁的男宝宝。在同事们的眼里，她简直就是一个幸福的女人，不仅老公对她呵护万分，就连年幼的儿子也十分乖巧。

然而，钱湘却并不这么认为，她现在的工作刚好处于上升阶段，如果不好好地努力一把，只怕以后再也没有加薪升职的机会。可自己的儿子毕竟还小，老公又是家里最大的经济支柱，因此她在繁忙的工作之余，总是不得不腾出更多的时间来照顾家庭。

一段时间下来，钱湘整个人都变得非常憔悴，精神状态简直是一日不如一日，工作上的连连出错也让公司老板对她颇有微词。分身乏术的她，顿时觉得家庭和事业难平衡。深陷窘境的她，又到底该何去何从呢？

这是大部分职业女性都会遇到的职业发展瓶颈。在这个竞争激烈的社会，职业女性若想成功地实现职场突围，还得立足自身，找出自己的职场困惑所在，最后对症下药，逐个斩除职场生涯的拦路虎，为自己的事业开辟出一条光明大道。

面对性骚扰，切不可做"忍者神龟"

　　在电影《杜拉拉升职记》中，有这么一句经典台词："谈恋爱和性骚扰有明显的区别，谈恋爱就是两个都愿意，性骚扰就是一个愿意，一个不愿意。"职场之上，被性骚扰的人绝大多数都是女性。据调查，很多职业女性都曾遭遇过形式不一且程度不同的性骚扰。

　　在这些职场性骚扰中，尤其以肢体方面的骚扰为主，其次就是言语方面的骚扰。互联网发达之后，通过电子邮件以及通讯软件等进行图文性骚扰也日渐盛行。

　　曾经看过一项调查，面对性骚扰，有超过60%的职业女性会选择隐忍，她们认为只要骚扰不太严重，宁愿忍一时风平浪静，也不愿意撕破脸和人起冲突，以免影响自己的事业发展。剩下的40%职业女性，则会选择离职、跳槽或是向公司的有关部门反映。

面对职场性骚扰，选择当"忍者神龟"的职业女性，她们可能不明白自己的隐忍和沉默非但没有让事情朝一个好的方向走，反而在一定程度上滋长了性骚扰者的嚣张气焰。常言道，人善被人欺，马善被人骑，这句话不是没有道理。即便"忍者神龟"们想方设法避开与性骚扰者的正面接触，但这种逃避心理并不会让她们化险为夷，只会让性骚扰者变本加厉，化身捕捉猎物的凶恶色狼。

王书雨在一家公司工作了五年，长相甜美、五官精致的她一直以来都是众多男人追求的对象。她本人也非常讲究时尚，每天上班都打扮得光鲜亮丽、娇艳动人、性感十足。生性开朗又活泼的她，在与公司男同事相处的时候，并不会太过于介意男女有别，也不会刻意去保持距离，因此闲暇时候，很多男同事都喜欢围着她，主动找她谈笑聊天。

有时候，公司同事聚在一桌喝酒吃饭，有些男同事为了过点嘴瘾，丝毫不顾及有女同事在场，就开始口无遮拦地讲起了荤段子和黄色笑话。许多女同事听了，都沉着一张脸坐在一旁，一言不发，大有暴风雨即将来临之势。唯独王书雨哈哈大笑起来，她虽然对荤段子和黄色笑话并不感兴趣，但是为了不当面驳斥人的面子，她也只好捧个场勉强自己笑两声。久而久之，公司的一些男同事和老板都认为王书雨并不是一个正经的女人，他们完全可以对她随意调笑和动手动脚。

有一次，同事刘海波看见王书雨一个人在茶水间喝茶，她的上身穿着低领短袖，下半身穿着紧身短裙，双脚踩着7厘米的高跟鞋，整个人看起来非常的性感诱人。于是，春心荡漾的刘海波连忙走了过去，一屁股坐在王书雨的边上，还把嘴巴凑到王书雨的耳朵旁，说着一些不堪入耳的下流污秽话。

王书雨一下子还没反应过来，刚开始只感觉耳边传来一阵热气，接下来的一番话顿时让她面红耳赤，完全不知该做何反应。她尴尬地笑了笑，就赶紧抱着自己的茶杯，起身一扭一扭地奔出了茶水间，而刘海波则一脸坏笑地坐在茶水间，目送她婀娜多姿的背影离去。

眼看王书雨的反应并没有显出太多的反感和厌恶，刘海波决定乘胜追击，采取进一步的行动。平时上班的时候，他经常有意无意地从王书雨的办公桌旁经过，当着她的面时不时地调笑几句。旁边的男同事听了，也纷纷加入调笑戏弄她的队伍中来，这让王书雨感觉特别不舒服，可她又不想和他们撕破脸皮，因此只好闷在一边不吭声。

但是王书雨的和气并没有为她带来财源滚滚，反而无端地给自己生出许多无谓的祸灾。时间一久，刘海波对她的性骚扰开始逐渐升级，不再局限于言语上吃吃豆腐，动手动脚已经成了家常便饭。他经常在无人注意的隐蔽地方，对王书雨进行性骚扰，动不动就是"抓一把"，这让王书雨又羞又恼，最后发展到非常害怕和他打照面，就连稀松平常的眼神对视的勇气都没有。

很多女同事都劝王书雨不要再纵容刘海波的猖狂行径，可她还是惧惮刘海波是公司老总亲侄儿的身份，不愿意和他正面起冲突。她认为现在从事的这份工作，薪酬待遇还算不错，工作内容也比较轻松，而且刘海波应该不可能骚扰她一辈子，只要她能暂时隐忍过去，自己就能安然无虞。

可让王书雨没有想到的是，刘海波这个人竟然那么卑鄙恶劣，他居然和公司老板狼狈为奸，合伙威胁她，要求她和他们发展一夜情。

王书雨再也忍不下去了，她直截了当地拒绝了他俩的无耻要求。这一下也把高高在上的老板大人给惹毛了，一怒之下，他竟然以"工作失误"为由开除了王书雨。此时，备受屈辱的王书雨也不愿意再在这个公司干下去了。

对于职场性骚扰，每一位职业女性都应该学会预防，不要像王书雨一样。在平时上班的时候穿着不要过于暴露和性感，以免引发公司男同事的性幻想。同时，与异性相处也不可过于随便，言行举止务必拿捏好分寸，否则可能会让异性误以为你是一个随便的女人，惹祸上身就后悔不及了。

另外，职场女性如果不幸遭遇了性骚扰，理应采取向他人求助或是报警的方式来维护自己人身安全和名誉，不应该采取鸵鸟姿态，只知道一味地去逃避和隐忍。虽然错综复杂的职场有很多事情需要我们以退为进，但是面对职场性骚扰，"忍者神龟"可万万不能当。

有了宝宝后，事业和家庭如何兼顾

　　女性在现实生活中会比男性遇到更多的难题，其中最明显的一点就是女性在结婚生子之后如何做到家庭和事业的兼顾。很多女性在生了宝宝之后，要么会忽视工作的重要性，全身心地投入对孩子的养护当中；要么会像工作狂一样，把孩子丢给长辈，成为职场女强人。

　　家庭是社会的一个个小细胞，在构建和谐社会的框架里，家庭和谐是社会和谐的基础。要事业还是要家庭？这是常常摆在女性面前的问题。女性如何经营事业与家庭？如何实现自身的发展与人生价值？如何营造和谐家庭与构建和谐社会，以实际行动促进和谐社会的建设？这是永恒的话题。

　　许多女性都明白事业和家庭相辅相成，但如何在事业和家庭之间找到平衡点？如何做"事业家庭兼顾型"女性，达到"事业家庭双创优"？

我的朋友何凌是一个深谙此道的人。

何凌原本是一家会计师事务所的会计师，在结婚之前，她一门心思地扑在自己的工作上，从一个小会计成长为公司的首席会计师，年薪二十多万。在我眼里，何凌就是那种让人望而生畏的女强人。

两年前，何凌与相恋三年的男友结婚，不到一年，两人的爱情结晶问世。何凌的老公李先生当时想让她辞职，专心在家里带孩子，做一名家庭主妇。但何凌却不这么想，她觉得，自己有手有脚的，不想完全靠男人养活，成为男人的附属品。所以，她一直都没有放下手中的工作。但是，人毕竟只有那么多精力，想做到尽善尽美并不是那么容易的。没多久，何凌就遇到了麻烦。

孩子出生之后，何凌为了做好自己的工作，决定放弃母乳喂养，而她一天中要花很多时间在工作上面，自己没办法全心全意地照料孩子。于是，她和老公商量着，把自己的父母接到城里来照顾孩子。

何凌的父母当然愿意照顾这唯一的外孙，他们痛快地答应了何凌的请求。尽管有父母过来照料，但何凌深知，自己才是孩子的母亲，如果把孩子完全托付给父母抚养，那对于孩子的成长是极为不利的。

何凌的丈夫是报社的评论员，不需要经常坐班。于是何凌和他商量，将家搬到离自己公司不远的一个小区，原来的房子可以租出去或者干脆空在那里，这样她也有时间多陪陪家人。老公知道何凌的心思后，也同意了这个要求。于是就在何凌公司附近租了一套三室，一家人齐心协力照料孩子。

在工作方面，何凌仍然坚持正常上下班，公司上级交代的事情她也会一丝不苟地完成。但是，现在有了孩子，何凌也不会像之前那样疯狂地去揽活，她说："孩子总归还是高于一切的，钱以后可以多赚些，但是给孩子的爱可一点都不能马虎。"

正是抱着这样的想法，何凌在孩子出生之后并没有什么特别揪心的事儿，每天再忙她都会坚持在公司里完成工作，不把工作带回家；而到了家之后，她也会全身心地融入家庭当中。所以她的小日子过得红红火火，事业也是蒸蒸日上，令我们这些姐妹都十分羡慕。

而反观身边另外一些朋友，她们在生完孩子之后要么就变成一位全职太太，缩小自己的生活圈，要么就把孩子丢给公公婆婆或者是自己的父母。前者最后可能变成一个事事都要依赖丈夫的小女人，而后者则可能变成一个人人厌恶的"冷血鬼"。所以，这两种女性都不能做。

我认为对于许多在职业场上"拼杀"的女性而言，工作上的成功虽然带来了心理的满足和快乐，但为"厅堂"失去家庭不值得。一个有能力、有智慧的女性是能够在家庭和事业间找到平衡点的，因为这也是成功女性一种特别能力的体现。许多女性的成功已经充分证明了"平衡"是可以实现的，"鱼与熊掌"也是可以兼得的。女性追求的应该是"上得厅堂，下得厨房"，在工作上很投入、能拼杀，但绝不把工作状态带回家，在家里她就是贤妻良母。

全职太太如何重返职场

　　一些原本有工作的女性为了能够更好地照顾家庭，选择辞去工作，做一名全职太太。这本是出于家庭和谐做的一个决定，但是近年来，全职太太身上出现了不少问题。

　　现在一些企业为了避免不必要的麻烦，相比于未婚未育的女性，他们更愿意选择已婚已育的女职员。照理说，全职太太在这一点上应该存在着优势，但事实却并非这样，一些全职太太在重返职场时会遇到一些很棘手的问题。

　　杨紫婚前是一家外企的市场部专员，结婚后不久，她发现自己怀孕了，于是辞去了工作，在家里做起全职太太。孩子出世后，杨紫更是全心全意地留守家中。去年年底，丈夫供职的IT企业开始裁员降薪，她就动起了重回职场的念头。"我收到过不少企业的面试通知，但是提起家里有一个两岁大的女儿，他们就不敢用我了。"原本自以为是优势的"已婚已育"反而成为她如今求职的绊脚石。

对此，公司人事部主管这样解释："最近公司收到过不少全职太太的求职信，其中有一些具有非常丰富的工作经验。本来我们很欢迎有工作经验的求职者，但是像杨紫这样的全职太太已经与职场脱离了几年，应聘的工作又是瞬息万变的市场相关岗位，而且家里还有年幼的孩子需要照顾，综合下来，形势不容乐观。"

这位主管的解释让杨紫很是失落，经济条件的改变让她不得不选择重新工作，但现实的工作环境又让她的这个想法很难实施。

其实像杨紫这样的全职太太在重返职场时都普遍面临着这样的问题："长期不工作，很多技能都已经生疏，再加上家中还有小孩，这都让她们很难再去找到一份合适的工作。"

但我们也都清楚，在职场当中，只要有一定的能力，那么就不愁没有顺心的工作。所以，只要全职太太们能够完成转型，那么也就一定能够找到心仪的工作。可问题的关键在于，该如何转型呢？

首先，全职太太应该尽早完成角色切换。在家里待久了，一直以全职太太的身份出现，但这样的身份不能带到职场当中。所以，作为一名全职太太，在重返职场之前，就应该率先完成自己的角色切换，时刻告诉自己：我已经不能再逃避工作，只操心家事已经是行不通的了。

这种角色切换当然也是一种不小的挑战，这需要女性从日常生活中开始做起，比如说，在穿着打扮上，一名职场女性是不可能像一位家庭主妇那样穿着随便，必须要注意自己的职场面貌。另外，一个人在不同角色上应该呈现出不同的精神状态，不能再像以前那样跟随着家人的作息，要以全新的面貌去迎接即将到来的工作。

其次，应该及时更新自己的知识库。对于脱离职场一年以上的全职太太来说，很有必要在入职前参加一些相关的知识、技能培训，完成知识更新，弥补知识断层。这对怀疑自己能力的人来说，也是一个充实自我，增加自信的过程。

再次，别忘了重建良好的人际关系。对于一名全职太太来说，她每天面对的多是家人，最主要的就是跟家人处好关系。在做全职太太的这段时间，很多女性和以前的朋友、同事的联系也不像之前那样紧密。以前可以在周末或者假期与朋友一起游玩聊天，但是有了孩子和家庭之后，这就有些不太方便了。但俗话说，人脉都是沟通出来的。如果没有沟通，以前建立的人脉很可能就会变得陌生。所以，全职太太们应该重拾起以前的那些关系，该联系的还得联系，为自己走上职场打好基础。

另外，在走上职场之后，全职太太们也应该改变自己对人脉关系的认识，应该用一种成熟的心态去面对自己的客户、同事、上司。只有拥有了良好的人际关系，才能为以后发展铺平道路。

最后，一份新的职业规划是非常有必要的。以前的职业规划可能已经不符合现实了，所以必须制订一份新的职业规划以适应新的环境。在制订规划前，我们应该审视一下自己，"我对什么样的工作感兴趣？""我还能从事什么样的工作？""我想在几年内达成什么样的目标？"在走上岗位之前或者最初，这些计划最好能够成型。要知道，对自我有着明确职业规划的求职者，他们往往更有"战斗力"，目标更明确，更容易得到HR的青睐，而且也更有发展前途。

总而言之，全职太太重返职场并非一件遥不可及的事。凡事预则立，不预则废，做十全的准备，职场再险恶也难不倒我们。

第九章

职场突围必知的
潜规则

与白纸黑字、公众认可的显规则不同，职场潜规则从不会明明白白地显示在告示板上，需要你默默参透，这样才能避免一些不好的事的发生。有些人就是因为不懂得职场潜规则，才使得自己在忙碌的工作中原地踏步。有些潜规则不仅要洞悉，而且需要灵活运用，这样，才能少犯禁忌，突破发展瓶颈。

切勿锋芒毕露

　　为人处事切勿锋芒毕露，尤其是在深不可测的职场。我们的言行举止若是不够谨慎，难免会碰到一些暗礁，导致自己的事业之船沉没。

　　常言道，真人不露相，露相不真人。真正聪明的人一般都身怀绝技，但不轻易显露，而那些喜欢把自己的才华整天顶在头上到处去炫耀的人，其实多是一群不懂得韬光养晦、收敛锋芒的蠢材。

　　为人谦逊低调才是建立职场和谐人际关系的不二法门。

　　在一家外企工作将近五年的米明辉，一直没有得到公司领导的提拔，获得升迁的宝贵机会。他的工作业绩并不比其他的同事差，就连公司老板也曾亲口夸赞他工作表现十分优秀。既然这样，他为什么五年如一日，总在原地兜圈子，升不了职呢？

　　原来，米明辉的工作能力确实让人挑不出毛病，但是事情坏就坏在他那一张"王婆卖瓜，自卖自夸"的嘴上。

　　工作上的出色表现让米明辉自觉高人一等，渐渐变得飘飘然起来，在众多同事面前，他总是按捺不住内心的骄傲和自满，动不动就炫耀自己的丰功伟绩和非凡才干。当有同事遇到了工作上的难题，前来向他请教时，他常常摆出一副极不耐烦的样子，对他人的工作指指点点，仿佛公司就只有他一个聪明人，其他的同事全是"酒囊饭袋"。

　　久而久之，公司的同事都不愿意和他有过多的来往，平时在领导面前也不乐意替他说一句好话。

　　这样一来，每次公司一有什么加薪又升职的好事，业绩和人缘极度失衡的米明辉总是不在升职的名单之内，这样的结果让他感到十分的沮丧。但他一直没有认识到其实原因是出在自己身上，还一直以为是同事们嫉妒他的能力才出现这样的结果。

　　不可否认，在竞争激烈的职场上，才华确实是一个人迈向成功的硬性条件。但是，一个有才华的人要是在众人面前过于显露和卖弄自己的才干，压制他人表现自我的空间，最后就可能弄得人人不悦。

　　在我看来，米明辉要是想升迁，一定要学会收敛自己的锋芒，低调做人。才华恰似一把双刃剑，它能帮助人在职场大放异彩，也能在不经意间刺伤别人和自己。

我们在职场上行走的时候，一定要小心翼翼地使用这把才华之剑，懂得收敛其尖锐的锋芒，不要拿着它到处去炫耀，逢人就想吹嘘一番，生怕别人不知道。

职场不相信眼泪

表妹吕林最近给我打来一个电话，内容着实让我很吃惊。

吕林是一所一本院校的学生，学的是广告专业，今年刚刚毕业。要说学校也不差，但吕林毕业之后很久都没有找到合适的工作，最后还是靠姨父的一个朋友介绍，去了一家广告公司做策划。当时得知这个消息时我想，也好，能跟她那专业对上口。

我本以为她在那家广告公司能够有所作为，但表妹的这通电话让我开始替她担心起来。

她的情绪明显很糟糕，不然她也不会在我刚接通电话的时候就哭着说："表姐，我不想工作了，我想回家。"

我连忙关心地问道："小林，你这是怎么了？"

吕林说："表姐，我干不下去了，工作我干了两个月都没上手，而且公司主管老找我麻烦，我现在不想干了，我想回家。"

听她说完，我立刻意识到问题的严重性，于是赶忙先劝她冷静下来，然后再让她把具体的麻烦讲给我听。

吕林这才一五一十地告诉了我事情的原委。

原来，吕林在公司里做策划一直没有多大进步。前两天，主管交给她一个任务，让她将一个已经做好的策划发给客户，并且交代了截止时间。吕林接过任务之后将策划存在电脑里，刚好第二天就是周末，吕林和几个朋友一起去郊外游玩，周末玩玩不要紧，要紧的是，由于一时的疏忽，她竟然忘了将那个策划交给客户。等到主管给她打电话质问的时候，截止时间都已经过去了。

尽管吕林在主管面前声泪俱下，反省了自己的错误，但是对方仍旧是不依不饶，还批评吕林有点大小姐的毛病，这么点小事都办不来。

至此，吕林的情绪一落千丈，在纠结了好几天之后，她决定给我打个电话寻求安慰，并且她心里已经做好了辞职的准备。

其实我很了解自己的这个表妹，虽然她不爱说话，但是心肠很好，而且工作起来很有上进心，这次的疏忽可能就只是一个意外而已。但我也不能在电话里这样安慰她，毕竟在这件事上，还是她做得不对，于是我对她说："小林，你现在应该要清楚，自己已经不是学生了，你走上了职场就要明白职场的残酷性，在工作当中，只有做到最好的人才能获得最多的嘉奖，你做得不好，就必须要承担责任，现在不会再有人为你的过错买单了。在家的时候你哭一下什么事儿都没有了，走上了社会谁还管你眼里那几滴眼泪……"

我一口气和吕林说了很多。对于这种事，我的感悟很深刻，所以话自然也就多了起来。

其实很多人都有过我表妹这样的经历。工作没干好，挨上级批评，这些令人烦心的事很容易让一个人对工作丧失热情和进取心，但这又是每一个职场人士不得不面对的现状。

出现这种困境怪谁呢？当然是我们自己。

为什么这么说？就说表妹小林吧，她如果能够用百分之两百的心去做好上级交给自己的任务，那么还会出现这种问题吗？如果只是把工作当成一种赚钱的工具，那么久而久之就会对手上的工作产生一种排斥感。没有兴趣，哪里来的关注度；没有关注度，工作就会出问题。

不管是做什么工作，都应当把工作当成自己的事，最好的办法就是把工作当成自己的生意去经营。生意人在做生意的时候往往会全身心地投入其中，因为他们知道，生意的好坏决定着自己的生活。而一些职场人士恰恰就是缺乏生意人的这种劲头。一些在公司里上班的人觉得，我们只不过是在给别人打工，何必这么卖命呢？

这种想法带来的负面影响是显而易见的。如果对公司没有认同感，那么试问，又有谁能够认真去工作呢?

在职场当中，应当要把自己的工作当成生意去经营，不然，就可能只有流泪认错的份儿了，可职场当中的眼泪是没有多少价值的。老板看业绩，客户看效果，没有人愿意去看你的眼泪。职场是不相信眼泪的。

213

偶尔可以吃个小亏

在这个世界上，喜欢吃美食的人比比皆是，但是我相信有一样东西是很多人都不愿意吃的，那就是——吃亏。因为吃亏往往就意味着别人占了我们的便宜，这在经济学上可是一项赔本的生意。

在平时的工作生活中，活儿干得比别人多时，觉得吃亏；薪水拿得比别人少时，觉得吃亏；经常加班加点时，觉得吃亏……其实，塞翁失马，焉知非福。

朋友黄鹏杰今年32岁，在一家国企的项目部担任办公室主任一职。他是一个典型的山东汉子，为人处世朴实沉稳，给人一种可靠的感觉。他相信"吃亏是福"，正因为他秉持着这样的信念，当年他才在工作上获得升迁。

三年前，黄鹏杰所在的部门领导突然被调离，因为调动通知来得非常仓促，部门领导有一笔账目处理得不是特别圆满。虽然这笔账目不是黄鹏杰经手的，但新上任的部门领导对很多事情并不是十分了解，只是看到该账目涉及的企业在黄鹏杰联系的范围之内，于是便非常严厉地对他提出了批评，并且决定每个月从他的工资中扣除两百元，持续半年以示警告。

面对新任领导对他的严厉处罚，背了黑锅的黄鹏杰对此并没有任何辩解，他甚至没有多说一句话，只是默默地接受了这个处分。下班回到家中，黄鹏杰将这个事情向妻子和盘托出，可没想到妻子对他的做法却并不认同。她觉得辛辛苦苦挣的那点血汗钱，怎么能说扣就扣呢？况且这还不是他犯的错，凭什么他就得白白背起这个黑锅？

黄鹏杰心平气和地安抚妻子："老婆，你可千万别这么想！以前的领导对我有知遇之恩，要不是他，我的工作也不会进展得如此顺利。虽然现在他已经被调走了，但我还是不能在背后说他的坏话，这次为他背一回黑锅，就当我偿还他对我的恩情吧！"

日子一天又一天地过去了，新来的部门领导在熟悉了整个环境之后，渐渐地对闲话不多但工作踏实认真的黄鹏杰有了全新的认识。有一天，他在和办公室的下属们聊天时，无意中又提到了那笔处理得不够圆满的账目。

没想到，办公室的同事们纷纷为黄鹏杰喊冤："领导，那笔账目和黄鹏杰可一点关系也没有，那是前任领导一手包办的，黄鹏杰根本就不知情。"听闻此言，新来的领导顿时对黄鹏杰刮目相看，从此认定他是一个能成大事的绝佳人才，值得自己好好地照顾和栽培。没过多久，新来的领导不仅撤销了对黄鹏杰的处分，还提拔他为办公室主任。

身在职场，吃亏有时其实是一种变相的投资。只要我们不斤斤计较，不把一时的损失放在心底，那么我们的职场之路可能会越走越宽，我们的职场生涯也可能会顺风又顺水。

莫把老板当对头，学会把他看成贵人

一些职场人士把自己的老板当成对头，就个人情感而言，明显是憎恶大于喜欢，有的甚至全部是怨恨之情。

难道老板真的有那么罪大恶极吗？为什么一些人一提到自己的老板，就表现得咬牙切齿，恨不得哪一天能角色互换，炒了老板的鱿鱼？

在职场摸爬滚打，我们都渴望遇上一个好老板，希望他能耐心地指导我们的工作，传授一些职场生存之道；能在我们陷入困境时，友善地伸出援手拉我们一把；能在我们不小心犯了错误时，微笑着对我们说一句："没关系，能够在错误中成长也是一件好事。"

但世界上没有十全十美的人，自然也没有十全十美的老板。有时当我们在工作中没法做到游刃有余时，老板可能不会抽出他宝贵的时间给予我们有效的指导，反而可能会指责我们的工作能力不足；当我们在工作中出了一点小错的时候，老板可能不会宅心仁厚地原谅我们，给予我们温暖的包容和鼓励，反而可能会严厉地批评我们"不该犯错"……

如此残酷的现实让一些人将老板视为天底下最讨厌的人。可是，他们是否认真细地想过，这个世界上根本就没有无缘无故的给予。

公司的老板希望手下的员工能替他们解忧排难，从而帮助自己的事业更上一层楼。而且，现代的公司多以盈利为目标导向，倘若公司里的员工个个都需要老板指点迷津，伸手援助，那么公司又怎能正常地运转起来。

弄清楚了这一点，我们才能调整好自己的心态，不再把老板当作莫名其妙的对头，对待工作也会更加认真和负责。要知道，我们不是在为老板工作，而是在为自己工作，正是因为老板为我们提供了这样一个工作机会，我们才能借助公司这个有力的平台，提高自己的专业技能，增加自己的工作经验。

唐骏曾说："我将每一个老板都当作自己的贵人。"我非常赞同他的这个观点，把老板当成对头对我们没有任何好处，只会让工作中的负面情绪越积越多。反之，如果我们将老板视为生命中的贵人，满怀感恩，虚心学习，就可能在积极的工作中收获累累果实。